COFFEE EXTRACTION METHOD

コーヒー抽出
人気店の最新メソッド

ハンドドリップ・サイフォン・エスプレッソ・エアロプレス etc.

CONTENTS

CONTENTS

【 本書をお読みになる前に 】

● 本書は、季刊『CafeRes』2020年秋冬号、月刊『CAFERES』2020年8月号、2019年11月号、2019年9月号、2018年11月号で掲載した記事に新規取材店を合わせて、再構成・再編集したものです。

● 全国31店のカフェ・ロースタリーの、コーヒー抽出のメソッドを紹介しています。紹介する内容は、豆の個性を引き出すコーヒー抽出の考え方、使用する機器、それに抽出工程とレシピです。

● 抽出法は、ハンドドリップ（ペーパードリップ、ネルドリップ）をはじめ、サイフォン、エアロプレス、フレンチプレスや最新の抽出器具、エスプレッソマシンと幅広く紹介しています。

● 各店のページでは、お店の紹介とコーヒー・抽出に対する考え方を最初に紹介し、そのあとにコーヒーの抽出法を紹介しています。なお、お店によって、独自の考え方による用語づかいをしているところは、その用語を使用しています。

● 紹介しているコーヒーの中には、お店で常時提供していないものもあります。値段やカップのデザイン等は変わることがあります。また、本書のために提案していただいた抽出法も含まれます。

● 各店のSHOP DATAは2021年11月末時点のものです。

【 本書の読み方 】

● 抽出タイプ
ペーパードリップ、サイフォンなど、抽出方法をアンコンで表示

ペーパードリップ　サイフォン　エアロプレス　Steep Shot　エスプレッソマシン
ネルドリップ　フレンチプレス　水出し器　ビーカー
金属フィルター

● 味わい
下記の「豆」と「器具」を使用して抽出した際に出来上がるコーヒーの味わいを、抽出者の指標で数値化したもの。「1→5」は、「弱→強」

● 豆
取材時に使用したもの。お店での提供・販売名、豆の特徴を表記

● 器具
使用する器具の種類：「商品名」（メーカー名）の順に表示。メーカー名は基本的にカタカナで表記し、英字でないと分かりにくいものは英字表記。なお、お店で確認できない場合表記なし

● コーヒー
下記の「豆」と「器具」を使用して抽出したコーヒーのメニュー名と特徴。通常提供されていないものに関しては（メニュー外）と表記

● 抽出メソッド

・ 部分は、1回分の抽出に必要な要素（抽出量／豆量・湯量・湯温）を紹介。エスプレッソの場合は、湯量の代わりに「気圧」を記載

・ 工程表は下記の【プロセス】を分かりやすくまとめたもの。時間や湯量を計測するお店の場合は、「工程」「累計時間」「注湯量」を一覧にし、計測しないお店の場合は、「工程」と、その程度や状態の目安を「工程の見極め」として記載

・ ハンドドリップの「工程」では、蒸らし用に注ぐ湯を「1湯目」としてカウントすることで統一する

・ 工程に関わる時間を「累計」にしたのは、計測するお店の多くが、工程ごとに時間を計り直すのではなく、スタート時から連続した時間の中で各工程を始める時間を定めて行っていたため

・ 「注湯量」は、スケールを使用しているお店でも、湯量の表記を「g」ではなく「ml」と表記

● 解説
左記の豆と器具で抽出する際の考え方やポイントを解説

● プロセス
左ページの豆と器具で抽出する際の手順を、写真付きで解説

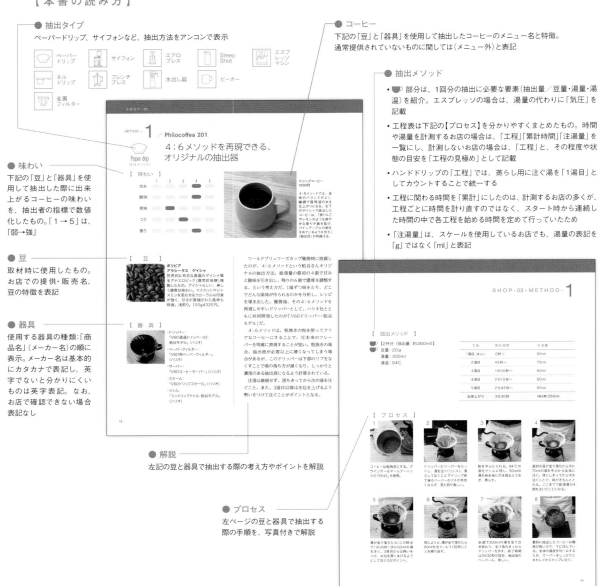

人気カフェ・ロースタリーの
コーヒー抽出の
考え方・そのメソッド

コーヒー豆の品質の向上とともに、豆の個性や味わいを引き出すための抽出法を、さらに追求するお店が増えています。そこで、コーヒーがおいしいと評判のカフェ・ロースタリー31店の抽出技術をここに公開します。

掲載する抽出の種類は、ペーパードリップをはじめ、ネルドリップ、サイフォン、エアロプレス、フレンチプレス、エスプレッソマシン、また、話題の最新機器まで多岐にわたります。ページをめくっていくと、各店の器具選びや抽出の考え方、抽出メソッドを知ることができます。

人気店の志向からヒントや気付きを得て、ぜひあなたも自分にぴったりの抽出法、自分だけのメソッドを見つけてください。

ごいっしょに、コーヒーの新しい扉を開きましょう。

［ 愛知・名古屋 ］

トランクコーヒー

TRUNK COFFEE

Paper drip

色紙を折ったようなカラフルな色合いと、深い溝が特徴のORIGAMIドリッパー。ニュアンスあるマットカラーも加わり、全16色を展開（S 2530円、M 2750円）。

ドリップコーヒーを提供するのは、世界チャンピオンモデル「ORIGAMI SENSORY フレーバーカップ」。ホルダーとドリッパーをセットし、サーバーとしても使用できる。

名古屋市東区にある本店「トランクコーヒーバー」。心地よい北欧インテリアとともに、思わず手に取りたくなるような、カラフルな豆のパッケージやコーヒー器具が並ぶ。

『TRUNK COFFEE』代表の鈴木康夫さん。女性が使いたくなるコーヒー器具をコンセプトに、美濃焼の窯元とORIGAMIドリッパーを開発。抽出が安定しやすい構造にもこだわり、国内外のブリュワーズカップで採用されるなど高い評価を得る。

共同開発したドリッパー＆カップで
繊細な豆の持ち味を最大限に引き出す

世界で注目を集めるORIGAMIドリッパーのプロデュースをはじめ、最先端のコーヒートレンドを発信するロースタリーカフェ。店を率いるのは、鈴木康夫さん。焙煎機を設置する本店『トランク コーヒーバー』をはじめ、愛知県名古屋市に3店舗を展開する。コーヒーの成長市場である中国にも姉妹店『＋トランク』を拡大中だ。

扱う豆はすべてスペシャルティコーヒーで、産地や精製方法の異なるシングルオリジンを中心に8〜10種類。コーヒードリンクは、エスプレッソを使った各種アレンジのほか、ブリューコーヒーは好みの豆と抽出法を選んでもらうスタイルだ。

抽出法は、ORIGAMIドリッパー、カリタのウェーブドリッパー、エアロプレスの3タイプ。ORIGAMIドリッパーは、縦溝のついた円すい形の形状により、湯量がコントロールしやすく、バランスのよい味わいに仕上がる。カリタのウェーブドリッパーは、底面が平らになっており、粉と湯が均一になじみやすい。そのため、抽出ムラがなく、飲みごたえが出て、豆の複雑な味わいも表現できる。また、エアロプレスは、短時間で粉に圧力をかけながら抽出するため、スッキリとした中にも、甘みやフレーバーを感じられるのが特徴だ。

ドリッパーに加え、「ワインのように、コーヒーのアロマと味わいを楽しむ」をテーマにしたオリジナルのカップも誕生した。ふっくら丸みを帯びた「バレル」、口のすぼんだ「ピノ」、底面を広くとった「アロマ」など、それぞれに特有のフォルムは、コーヒー液が舌に流れ込む角度などを計算して生まれたもの。同じコーヒーでも、カップを変えることで、酸味、甘みといったフレーバーの感じ方も大きく異なるという。店では、2019年世界ブリュワーズチャンピオンJia Ning Du氏と共同開発したフレーバーカップを使用。コーヒーのアロマを広い液面で増幅させつつ、立ち上るアロマを逃さないこだわりの形状で、繊細な豆の持ち味を最大限に楽しんでもらう。

SHOP DATA

■住所／愛知県名古屋市東区泉2-28-24 東和高岳ビル1F
■TEL／052(325)7662
■営業時間／月曜〜木曜9時30分〜21時、金曜9時30分〜22時、
　　　　　　土曜9時〜22時、日曜・祝日9時〜19時
■定休日／無休(年末年始を除く)
■坪数・席数／15坪・25席
■客単価／700円
■URL／http://www.trunkcoffee.com

METHOD - 1 / **TRUNK COFFEE**

Paper drip

注ぎ方や温度で抽出を安定させ、みずみずしくバランスよく仕上げる

【 味わい 】

	1	2	3	4	5
甘み				●	
酸味			●		
苦味	●				
コク				●	
香り					●

Brewed Coffee
「エルパライソ
ライチLot」
ホット 800円

アロマを引き出すオリジナルカップで提供。金木犀のように華やかなフレーバーと、ストロベリーのような濃縮された果実感が広がる。

【 豆 】

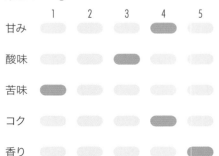

エルパライソ ライチLot
コロンビアの農園から限定入荷する希少な豆。近年話題の精製方法・ダブルアナエロビック（嫌気性発酵）によるもので、複雑かつ贅沢な華やかさと甘みを持つ。浅煎り。100g 2500円。

【 器 具 】

・ドリッパー：
「ORIGAMIドリッパー」
（ケーアイ）
・ペーパーフィルター：
「ウェーブフィルター」
（カリタ）
・サーバー：「ORIGAMI」
（ケーアイ）
・スケール：
（ハリオまたはウルトラコキ）
・ケトル：「SSW ケトル 1000」
（カリタ）

『トランクコーヒー』の抽出の基本は、注ぐ湯量と、抽出量を一定にすること。これにより、抽出が安定する。鈴木さんが監修するORIGAMIドリッパーには20の溝があり、抽出口に向けて浅くなっている。抽出液の落ちるスピードが速すぎず、遅すぎず、コントロールしやすい設計だ。

磁器製で保温性が高いこともポイント。しっかり温めておくことで、粉に接する湯温を90〜91℃でキープできる。

今回使用した豆は、華やかなフレーバーと果実味が際立つ「エルパライソ ライチLot」。抽出速度、量、温度等を適正に保つことで、みずみずしさを残した、バランスのよい仕上がりになる。

「世界の抽出トレンドは常に進化しています。最近の傾向に合わせ、豆のネガティブな成分が出にくいよう以前より5〜10秒ほど抽出時間を早めました。ブリュワーズチャンピオンと検証を重ねながら、日々、抽出や器具のブラッシュアップを図っています」（鈴木さん）。

【 抽出メソッド 】

【1杯分（抽出量：180ml）】
豆量：15g
湯量：210ml
湯温：93℃

工程	工程の見極め	注湯量
1湯目	粉全体に湯を回しかける	45ml
蒸らし	（30秒間）	
2湯目	注ぎ始めから1分〜1分10秒で注湯ストップ	（総湯量）210ml
出来上がり	1分45〜55秒で抽出液が落ちきる	（抽出量）180ml

【 プロセス 】

ORIGAMIドリッパーは、2種類のペーパーが使用可能。店で提供する際は、ほどよいボディ感で複雑な味わいが表現できるウェーブタイプを使用する。円すいタイプは、よりすっきりと仕上がる。

ドリップスケールの上にサーバー、ホルダー、ペーパーを敷いたドリッパーをセットし、湯を回しかける。コーヒーにペーパーのにおいが移るのを防ぐと同時に、ドリッパーをしっかり温めておく目的も。

豆は1杯につき約15g使用。浅煎り豆を使うため、味が薄くならないよう、やや細かめに挽いて湯を浸透しやすくする。ドリッパーに移し、表面を平らにならす。

93℃の湯をケトルに注ぎ、90℃〜91℃の湯で抽出を行う。タイマーとスケールをスタートし、注ぎ始める。湯を粉全体に回しかけ、湯量が45mlになったところで注湯をストップし、30秒蒸らす。

2湯目（本抽出）を開始する。最初は大きく円を描くようにし、全体に湯が行き渡ったら、中央の1点に狙いを定めて注ぎ続ける。注ぐ量と落ちる量を一定にすることで、抽出が安定する。

総湯量が210mlに達したら、注湯をストップする。ドリッパーが磁器製で保温力が高いこと、また、計算された溝の構造により、粉が湯にしっかり浸って膨らみ、豆の持ち味を引き出せる。

1分45〜55秒で抽出液が落ちきるのが目安。それ以上かかると雑味が出やすくなる。円すい形ペーパーを使う場合は、未抽出にならないよう3〜4回に注ぎ分けをし、2分半ほどかけて抽出。

[京都・烏丸]

オカフェ キョウト

Okaffe kyoto

Paper drip

同店のメインコーヒー「ダンディブレンド」。オーダー時には「ダンディちょうだい」「おれ（わたし）ダンディ」などの言葉が飛び交い、ネーミングにもセンスや遊び心が光る。

リブがない3つ穴の銅製ウェーブフィルター。「同じカリタの台形の3つ穴ドリッパーでいれるよりも安定性がいい。銅という材質も気に入っています」（岡田さん）。

オーナーでバリスタの岡田章宏さん。14年間在籍した『小川珈琲』では店舗業務と並行して一般・プロを対象にしたコーヒー講座の講師を担当、受講者数は延べ数万人にものぼる。コーヒーについてテレビやラジオなどのメディアで発信する機会も多い。焙煎士でもあり、2022年1月には京都市下京区に焙煎所を開店予定。

40年間営まれた喫茶店をリノベーションし、2016年11月にオープンした純喫茶店。オリジナルブレンドのコーヒーに合わせて、京都の有名店やシェフとコラボしたフードやどらやきなどの和菓子、さらに姉妹店のスイーツショップ『amagami kyoto』による限定スイーツも用意し、地域のお客から観光客まで、訪れる人々を魅了している。

キーワードは「丁寧」。
抽出者の姿勢と器具の特性が一致

カウンターでのホスピタリティあふれる接客に人気が高く、"バリスタ界のエンターテイナー"として国内外から注目を集める岡田章宏さん。数々のコーヒー競技会で実績を残し、名実ともに日本を代表するバリスタの一人として活躍を続けている。

岡田さんは日本代表としてラテアート世界大会への出場経験もあり、『Okaffe kyoto』で提供するラテアートを施したカフェラテやカプチーノも定評があるが、店のスタンダードはハンドドリップコーヒー。「シックなプロダクトデザインを見た時、京都の雰囲気にマッチすると一目惚れした。安定して抽出できる点も気に入りました」(岡田さん)というのはカリタが展開する「メイドインジャパン」シリーズの一つ、銅・ステンレス製アイテムシリーズ「TSUBAME」の抽出器具のこと。ドリッパーとドリップポットは「TSUBAME」製品を採用しており、付属のペーパーフィルターとサーバーを含めカリタ製で統一している。「ウェーブフィルターは3つ穴で抜けがよい分、ポットコントロールが極めて重要で、いれ方次第で仕上がりの味が大きく変わってくる。その点にプロとしての存在意義を感じます。お客様一人ひとりのために丁寧にコーヒーをいれる私の姿勢と、丁寧さが求められるウェーブフィルターの特性が一致しています」(岡田さん)。

コーヒーのラインナップは、コクと苦味が特徴のダンディブレンド、華やかな香りと酸味が特徴のパーティブレンドというブレンド2種類と、その時々のシングルオリジンが1種類。「新鮮な豆を使用することがおいしさにとって欠かせない」との考えから種類を限定している。

カウンターは抽出者に照明があたるよう設計されており、ここで岡田さんがハンドドリップする姿はロゴとなってカップに表現されている。味わいの感動とともに楽しさや驚きを与えてくれる『Okaffe kyoto』は新時代の喫茶店。今後は焙煎所の運営にも力を注いでいく。

SHOP DATA

■住所／京都府京都市下京区綾小路通東洞院東入神明町235-2
■TEL／075(708)8162
■営業時間／9時〜20時(L.O.19時30分)
■定休日／火曜
■坪数・席数／16坪・23席
■客単価／1000円
■URL／http://okaffe.kyoto

METHOD - 1 / **Okaffe kyoto**

Paper drip

ポットコントロールと
動作のメリハリを意識する

【 味わい 】

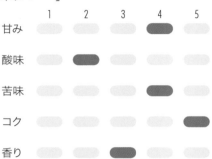

	1	2	3	4	5
甘み				■	
酸味		■			
苦味				■	
コク					■
香り			■		

ダンディブレンド
550円

昭和のハードな男の色気をイメージして作られたブレンドゆえ、深いコクとともに飽きのこないスタンダードな味わいが楽しめる。

【 豆 】

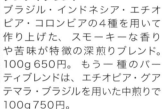

ダンディブレンド
ブラジル・インドネシア・エチオピア・コロンビアの4種を用いて作り上げた、スモーキーな香りや苦味が特徴の深煎りブレンド。100g 650円。もう一種のパーティブレンドは、エチオピア・グアテマラ・ブラジルを用いた中煎りで100g 750円。

【 器具 】

・ドリッパー：
「ウェーブフィルター」(カリタ)
・ペーパーフィルター：
「ウェーブフィルター」(カリタ)
・サーバー：「Jug400」(カリタ)
・スケール：
「コーヒースケール・パール」
(acaia)
・ケトル：
「ドリップポットスリム」(カリタ)

『Okaffe kyoto』のコーヒー抽出の基本と言えるのが、店のメインコーヒーであり岡田さん自身も好みという深煎りのブレンドを使ったこのペーパードリップ。ハンドドリップではポットコントロール（思ったところに、思った量の湯を、思った強さで落とせること）が特に重要といい、安定したポットコントロールのため、ポットには常に一定量の湯を入れて抽出を行う。「前半の1・2湯目は出来上がりの味に影響する大事な工程、後半は味の調整に移っていきます。前半は丁寧に、後半はややスピードをあげて注湯する、このメリハリが重要です」。さらに岡田さんは「いれる者の姿勢（丁寧さ）がお客様に伝わるということを常に意識することが大事」と語る。

1湯目は粉全体が浸る最小限の量で、2湯目までは湯の線が切れないギリギリの細さの湯を粉に近い高さから丁寧に注ぐ。3湯目以降はスピードアップとともに注湯の範囲も広げ、コーヒー1杯分は3湯、2杯分は4湯で落としきる。

【 抽出メソッド 】

☕ 【1杯分（抽出量：170ml）】
豆量：12g
湯量：約170ml
湯温：95℃

工程	累計時間	注湯量
1湯目	0〜10秒	20ml
蒸らし	（25秒間）	
2湯目	35〜60秒	80ml
3湯目	1分10秒〜1分30秒	70ml
出来上がり	1分45秒〜2分	（抽出量）170ml

【 プロセス 】

1 ウェーブフィルターとサーバーは、湯を注いで温める。その間に、豆を中細挽きにしてペーパーフィルターに入れ、ドリップポットに95℃の湯を入れる。写真右は、一定量の湯がポットに入った状態。

思ったところに、思った量の湯を、思った強さで落とせるポットコントロールが安定した抽出には欠かせない。

2 1湯目はコーヒー粉に近い高さから、粉があばれないように細い湯で丁寧に注ぐ（コーヒー1杯分は粉12gに対して湯20ml、2杯分は粉23gに対して湯40ml）。25秒蒸らしをする。

2湯目も粉に近い高さから細い湯で、中心から10円玉くらいの範囲に丁寧に円を描きながら注ぐ（コーヒー1杯分は湯80ml、2杯分は湯100ml）。粉を必要以上に攪拌させるとネガティブな味まで出てしまうので注意。

3湯目から抽出スピードを上げる（湯の線をやや太くする）。また2湯目よりも注ぐ範囲を広げ、「の」の字を描くように注ぐ。コーヒー1杯分は湯70mlを注いで抽出完了、2杯分では100ml注湯。コーヒー1杯分と2杯分の3湯目までの累計時間は同じ。

4湯目（コーヒー2杯分の場合）。1分40秒〜2分の間に75ml注いで、2分15秒〜30秒で抽出完了。抽出量は315ml。

[千葉・船橋]

フィロコフィア
Philocoffea 201

METHOD-1	METHOD-2	METHOD-3	METHOD-4
Paper drip	Paper drip	Frenchpressure	Espresso

2016年のワールドブリュワーズカップチャンピオンであり、スペシャルティコーヒー専門店『PHILOCOFFEA』の代表取締役でもある、粕谷 哲さん。「あらゆるところにコーヒーを届ける」を理念とする。

コロナ禍での最大のヒット商品が「ディップスタイルコーヒー」。ティーバッグのようにお湯に浸すだけで手軽にコーヒーがいれられる。いれ方の解説や粕谷さんのプロフィールも同封してブランドイメージを訴求する。1カ月間で1万個を売る。

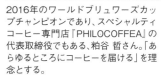

船橋駅ビルに入る『ラダーコーヒー』は、同店の系列店舗。5坪とコンパクトなコーヒースタンドだが、自家製のキャラメルやチャイを使ったドリンクや季節ごとのアレンジドリンク、子供向けのフォームミルク「ベビーチーノ」など種類豊富なメニューが揃う。

【 抽出メソッド 】

【2杯分（250ml）】
豆量：25g
湯量：300ml
湯温：95℃

工程	累計時間	注湯量
1湯目	0〜15秒	300ml
出来上がり	1分30秒	（抽出量）250ml

【 プロセス 】

1 サーバーにドリッパーとフィルターをセットし、湯を通す（リンス）。

2 粗挽きにした粉25gを入れる。

3 95℃の湯300mlを一度に注ぐ。15秒ほどで勢いよく注ぎきることがポイント。中心から円を描くようにして勢いよく注ぎ、最後は少しペースを落として湯量を調整する。

4 そのまま湯が落ちきるまで待つ。1分30秒で落ちきるのがベスト。早い場合は挽き目を粗く、遅い場合は挽き目を細かく調整する。

5 落ちきったらドリッパーを外す。サーバーをまわして均一な状態にしてから、温めておいたカップに注ぐ。

6 抽出後は写真のようにドリッパー下部に粉が落ちている状態。深煎りの場合、粉はドーム状に残る。

METHOD - **3** / **Philocoffea 201**

Frenchpressure

注湯を2回に分けることで豆本来の味をしっかり引き出す

【 味わい 】

	1	2	3	4	5
甘み				●	
酸味			●		
苦味		●			
コク					●
香り			●		

（メニュー外）

適度なフルーツ感とジャスミン感で、4:6メソッドと一投式のちょうど中間の味わい。高品質なゲイシャに限ってだが、抽出後のコーヒーにもう1度湯を注ぎ、2度目の抽出をしてもおいしいそうだ。

【 豆 】

**コロンビア
モンセラート ゲイシャ**
※豆の解説は18ページ参照

【 器 具 】

・フレンチプレス：
「ハリオール・ブライトN」
（ハリオ）
・スケール：
「コーヒースケール・パール」
（acaia）
・ケトル：電気湯沸かしケトル
（bonaVITA）

「フレンチプレスはメーカーごとの機能性に大きな違いを感じないため、サイズ感やデザインで選ぶのも良いと思います。私はハリオのシンプルなルックスものを使っています」と粕谷さん。

フレンチプレスといえば、粉に湯を注ぎプレスすれば完成、という手軽さが特徴だが、粕谷流では2回に分けて注湯を行うのがポイントだ。手順としては最初に100gの湯を注いだら15秒蒸らし時間をとり、その後残り180gを注湯し、スタートから4分後にプランジャーを押し下げる、という流れだ。

「ハンドドリップと同じ考え方で、最初の15秒間でコーヒーの成分をしっかり取り出します。オイル分もあるので、コクとなめらかさを楽しめます。おすすめは個性的な果実感のある、中浅煎りから中煎りのコーヒー。ウォッシュドのさっぱりしたコーヒーだと、少し物足りなさがあるかもしれません。深煎りの場合は渋みが出やすいので、湯温を90℃まで下げるとよいでしょう」と、アドバイスする。

【　抽出メソッド　】

【2杯分（抽出量：240ml）】

豆量：16g
湯量：280ml
湯温：96℃

工程	累計時間	注湯量
1湯目	0秒〜15秒	100ml
蒸らし	（15秒間）	
2湯目	30秒〜	180ml
プレス	4分〜	
出来上がり		（抽出量）240ml

【　プロセス　】

1　細挽きにした粉16gをガラスポットに入れる。

2　粉をめがけて、96℃の湯100mlを15秒かけて注ぐ。

3　そのまま15秒蒸らし、コーヒーの成分をしっかり取り出す。

4　残り180mlの湯を注ぐ。この時、ガラスポットを回しながら注ぐと、粉全体にしっかり湯をかけることができる。

5　プランジャーをセットし、そのまま待つ。

6　スタートから4分経ったらプランジャーを両手でゆっくり押し下げる。強く押し下げると粉が撹拌され、雑味の原因となってしまうので注意する。温めておいたカップに注ぐ。

METHOD - 4 / **Philocoffea 201**

Espresso

常に"均一であること"を意識する

【 味わい 】

	1	2	3	4	5
甘み					●
酸味			●		
苦味	●				
コク				●	
香り				●	

ミルク
ビバレッジコース
800円

エスプレッソ+スチームミルク+カプチーノをセットで提供。店内提供のみ。カフェラテがどんな味で出来ているのかを伝えたい、と開発したメニュー。牛乳はタカナシ3.6牛乳を使用。

【 豆 】

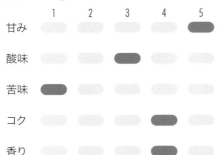

エチオピア ウェイト ミニ
ナチュラルプロセス。中浅煎り。ラベンダーやストロベリーキャンディーのような甘い印象が残るコーヒー。100g1188円で販売。

【 器 具 】

・エスプレッソマシン:
「アッピアⅡ 1Gr」(シモネリ)
・グラインダー:
「ミトスワン」(シモネリ)
・ディストリビューター
・タンパー

愛用のエスプレッソタンパーは、世界大会優勝時の記念品。世界に10個ほどしかない、貴重なもの。

「エスプレッソは、ドリップとは別物と捉えています。たった20mlの中に、オイリーで滑らかな舌触り、濃厚な旨み、複雑さが詰まっている。そのままで飲むより、オーツミルクやキャラメルなどと合わせてアレンジを楽しむことが多いかもしれません」と、粕谷さん。

エスプレッソで大切なのは、常に均一であること。ドーシング、レベリング、タンピング、どこかで密度や力の入れ方に偏りが生じると、過抽出や未抽出になるので気をつけたい。

「以前は20gの豆で40mlの抽出が主流でしたが、最近は豆の量を18〜19gに減らしてサラッと抽出するのが世界的なトレンドになっているようです。コーヒー産地の進化に伴い生豆自体の味が派手になったため、従来のレシピだと複雑すぎる味わいになってしまうのが要因だと思います」

ワールドブリュワーズカップ チャンピオンの店ということもあり、同店ではドリップが断然人気だが、浅煎り豆のエスプレッソもぜひ試してほしいメニューだという。

【 抽出メソッド 】

【ダブル（抽出量：40ml）】

豆量：18g
気圧：9気圧
湯温：93℃

工程	工程の見極め
グラインド	ダブルショットでコーヒー粉18gを使用。極細挽き
レベリング	ディストリビューターで、均一な高さで粉面を整える
タンピング	水平に均一に力をかける
抽出	40mlの抽出量に対して、抽出時間は25秒が目安

【 プロセス 】

1 豆18gをグラインダーで極細に挽く。

2 挽いた豆をポルタフィルターに入れ、手でポルタフィルターをやさしくたたいて粉面を整える。

3 ディストリビューターを乗せ、時計回りに3回まわす。ディストリビューターの高さは7mm。高さは豆の量によって調整する。

4 タンパーで上から水平に押さえる。強く押さえるよりも、均一に力をかけることを意識する。

5 ポルタフィルターをマシンにセットして、抽出する。

6 25秒前後で落ちきるのがベスト。1日の中で何度か味のチェックをし、調整する。

[福岡・福岡]

シロウズコーヒー

SHIROUZU COFFEE 港店

METHOD-1　METHOD-2

Siphon drip　Siphon drip

店主の白水和寿さん。コーヒーやアートなどを融合させた空間をつくりたいと、アパレル業界から2012年に転身。2016年に「警固店」、2019年に「福岡パルコ店」をオープン。

抽出法は、中煎り〜中深煎りがメインのコーヒー豆のラインナップと相性の良い、サイフォンを選択。演出性も高く、お客を視覚的にも楽しませる。

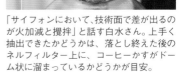

「サイフォンにおいて、技術面で差が出るのが火加減と撹拌」と話す白水さん。上手く抽出できたかどうかは、落とし終えた後のネルフィルター上に、コーヒーかすがドーム状に溜まっているかどうかが目安。

中煎り〜中深煎りの豆の持ち味を引き出すため、サイフォンによる抽出をメインにした

　入口を入ると、すぐ右手の焙煎機「ギーセン」が目を引くのが、2012年に開業した自家焙煎カフェ『SHIROUZU COFFEE 港店』。モダンアートのシルクスクリーンが壁に架かるお洒落な空間の中、カウンターに並ぶのは、同店のメインの抽出器具であるサイフォンだ。

　サイフォンを導入した理由について、店主の白水和寿さんは、

　「理由は色々とありますが、最初に触れた抽出器具が修業先の老舗純喫茶のサイフォンだったこと。それが独立に際してサイフォンを採用したきっかけの一つです。それ以外で特に採用のポイントとなったのが、高めの湯温で抽出できること。これはヒーターで加熱して沸騰した湯を、ケトルなどに移さずにそのまま直に粉に触れさせ抽出を行うサイフォンならでは。高い湯温が保たれているので、ボディがしっかり表現でき、深いコク、余韻の甘みが引き出せます」

　さらに、同店で焙煎している豆との相性もあったという。

　「私の店では、ブレンドのほかシングルオリジンの豆なども扱っていますが、焙煎度合いは基本的に中煎り〜中深煎りがメインです。極端な浅煎りの豆はラインナップにないのも店の特徴といえるでしょう。このため、焙煎度合いに合うコク、味わいの奥行きを出せるサイフォンと相性が良いのです」

　さらには、カウンター上でよく目立ち、湯が沸騰したりコーヒーが抽出され落ちるときの様子など、目でも耳でも演出効果が高い。お客に抽出工程楽しんでもらえる点はサイフォンならではだ。

　「抽出時間、豆量、湯量、湯温などプロファイルを最初にしっかり構築すれば、いれる人を選ばないのもサイフォンのメリットです」とサイフォンの魅力・利点を白水さんは語る。

SHOP DATA
- ■住所／福岡県福岡市中央区港2-10-6
- ■TEL／092（725）0176
- ■営業時間／11時〜19時
- ■定休日／無休
- ■坪数・／14坪・11席
- ■客単価／700円
- ■URL／https://www.shirouzucoffee.com/

METHOD - **1** ／ **SHIROUZU COFFEE** 港店

Siphon drip

中煎りの豆を、高温になるサイフォンで用いるためのポイントとは

【 味わい 】

エチオピア
600円

フルーティーな香りと甘みが特徴の、中煎りの「エチオピア」を使用。通常のサイフォン式コーヒーは480円～。

【 豆 】

エチオピア
ナチュラルプロセスらしい、フルーティーな香りと甘みが特徴。ブルーベリー、キャラメルを思わせるフレーバーを持つ。100g750円。

【 器 具 】

・サイフォン：(ハリオ)

　サイフォンによる抽出の際、ホットとアイスでは抽出プロファイルは異なるが、同じホットコーヒーならレシピ、工程はほぼ同じ。お客の好みによって、豆の量を微増減する程度。ただし豆の挽き方を変えると、味のブレにつながるので、『SHIROUZU COFFEE 港店』では挽き方を変えることは、あえてしないという。

　ここでは、コーヒー豆は中煎りの「エチオピア」を使用した。コクを引き出しながらも雑味は極力出ないようにするため、中挽きにする。この時の注意点を店主の白水さんが解説する。

　「サイフォンでは、上ボール内での抽出温度が93℃くらいになりますが、この温度だと中煎りの豆としては高めになってしまい、雑味が出てくる危険性があります。そのため、コーヒーの粉を湯と混ぜ合わせる第1回目の攪拌後、15秒間と短い抽出時間で第2回目の攪拌を行い、雑味を極力出さないようにするのがポイントです」

【　抽出メソッド　】

☕ **【1杯分（抽出量：約180ml）】**
豆量：16g
湯量：200ml
湯温：90〜95℃

工程	時間
下ボールの湯が沸騰したら、コーヒー粉を入れた上ボールを挿す	
下ボール内の湯が上ボール内に上がる	
第1撹拌	約5秒間
放置・抽出	15秒間
第2撹拌	約5秒間
ヒーターをオフにして上ボール内のコーヒーを下ボールに落とす	約2分で抽出完了

【　プロセス　】

1
下ボールに湯を入れ、ヒーターで温める。湯量は200ml。

2
上ボールにコーヒー粉を入れて下ボールに軽く挿し、抽出の準備。コーヒー粉は、中挽きにする。

3
下ボールの底から、湯がボコボコと沸いてきたら、沸騰の合図。

4
上ボールを下ボールに挿すと、沸騰した湯が上ボール内に自然と上がってくる。

5
湯が上がり切ったら、1回目の撹拌。ネルフィルターに竹べらが当たらないよう、かつ均一に撹拌できるように竹べラを規則的に回すこと。

6
1回目の撹拌後15秒待ち、その後、2回目の撹拌を手早く行ったら、すみやかにヒーターをオフにして、下ボール内にコーヒーを落とす。

7
上ボール内に残ったコーヒーかすが、ドーム状になっていれば、撹拌がうまくいった証しで、理想的な抽出が行われている。カップに注ぐ。

METHOD - **2** ／ **SHIROUZU COFFEE** 港店

Siphon drip

サイフォンを使い、クリアな味わいの
アイスコーヒーを抽出する

【　味わい　】

	1	2	3	4	5
甘み					●
酸味		●			
苦味		●			
コク				●	
香り				●	

湊ブレンド
480円

豆は、ハウスブレンドの
「港ブレンド」。酸味と
苦みのバランスを重視
したブレンドだ。

【　豆　】

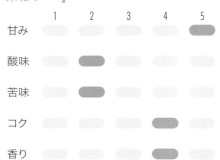

湊ブレンド
中深煎りにしたグアテマラとエルサ
ルバドル、中煎りのブラジルの3種
類の豆を、同割でブレンドして使用
している。100g530円。

【　器　具　】

・サイフォン：(ハリオ)

　28ページの解説で、「ホットとアイスで抽出
プロファイルは異なる」と紹介したが、実際
にはどの点が異なるのか。

　まず、豆の挽き方。ホットでは中挽きだっ
たが、アイスでは中細挽き。次に湯量。ホッ
トの時の半分の量にする。さらに、抽出時間
は60秒と長め。こうすることで、濃度の高い
コーヒーを抽出する。仕上げにコーヒーを氷
で冷やすため、溶けて薄まることを前提に濃
いコーヒーを抽出するのだ。

　なお、サイフォンで技術の差が出るのが火
加減と攪拌だと白水さんは話す。

　「落とし終えた後のネルフィルターに、コー
ヒーかすがドーム状になっていれば、きれい
に攪拌できている証し。雑味の原因の細かい
泡が粉の上に残り、クリアな味わいを抽出で
きています。第1攪拌後の火加減に左右され
るほか、コーヒーを落とす直前の第2攪拌で
ロート内で規則的な対流を起こせないと、ス
ムーズに濾過できず雑味まで抽出される原因
になります」

【 抽出メソッド 】

【1杯分（抽出量：約80ml）
　　　　　　　　　　＋氷100g】

豆量：16g
湯量：100ml
湯温：90〜95℃

工程	時間
下ボールの湯が沸騰したら、コーヒー粉を入れた上ボールを挿す	
下ボール内の湯が上ボール内に上がる	
第1攪拌	約5秒間
放置・抽出	60秒間
第2攪拌	約5秒間
ヒーターをオフにして上ボール内のコーヒーを下ボールに落とす	約3分で抽出完了

【 プロセス 】

1　下ボールに湯を入れ、ヒーターで温める。氷で冷やすアイスの場合は濃い目にいれるので、湯量はホットの半分の100ml。

2　上ボールにコーヒー粉を入れて下ボールに軽く挿し、抽出の準備をする。コーヒー粉は、濃度の高いコーヒーを抽出するため、中細挽きにする。

3　上ボールの湯が沸騰したら下ボールを挿し、湯が下ボール内に上がり切ったら1回目の攪拌を行う。注意点はホットの場合と同じ。

4　1回目の攪拌が終了後、アイスの場合は60秒間、加熱しながら放置する。この時間でコーヒーの濃度が決まる。

5　60秒の放置後に2回目の攪拌を行う。その後、すみやかにヒーターをオフにする。

6　下ボール内に、濃度が高いコーヒーが落ちてくる。

サーバーにロックアイス100gを入れ、下ボールからコーヒーを注ぐ。攪拌しながら急冷する。ロックアイスが溶け、約180mlのアイスコーヒーができる。グラスに移す。

[東京・墨田区]

アンリミテッド コーヒーバー トウキョウ

UNLIMITED COFFEE BAR TOKYO

抽出したコーヒーはバリスタ自ら客席に運び、客前でカップに注ぐ。フレーバーの説明を聞きながら飲むいれたての一杯は、お客にとって至福のコーヒー体験となる。

マネージャー兼バリスタの桜井志保さん。店の2階にある、バリスタの養成スクール「バリスタトレーニングラボ東京」に2年半通ったのち、店舗スタッフとなる。

「フィルターコーヒー」の場合は、3種類の抽出器具の中からお客に好みの器具を選んでもらう。本書ではV60ドリッパーとシルバートンでの抽出を紹介。店では他にエアロプレスでの抽出に対応する。

多彩なコーヒー豆と抽出器具を揃え、
お客の「いま飲みたい味」を実現させる

東京スカイツリーのすぐ足元に立地する、『アンリミテッド コーヒーバー トウキョウ』。コーヒーの大会で入賞を飾るスターバリスタが揃うこの店には、観光客から地元の常連客、熱心なコーヒーファンまで日々さまざまな人が訪れる。

同店の大きな特徴は、その注文方法にある。入店後、まずはオーダーカウンターで、数種類の中から飲みたいコーヒーを選ぶ。次に「フィルターコーヒー」の場合は3種類の抽出器具の中から好みの器具を、「エスプレッソ」の場合はミルクの量やサイズなどをそれぞれ指定するのだ。

オーダーを受けるのは熟練したバリスタで、相手に寄り添った説明で、お客の気分に合った一杯へと導く。『とりあえずホット』と注文するようなお客も、案内するうち少しずつコーヒーに興味を持ってくれるという。

「フィルターコーヒーの場合は、選ぶ豆にもよりますが、しっかりしたコーヒーが飲みたい方にはエアロプレスを、フルーティーさを求める方にはシルバートンを、その他のリクエストにはドリップで調整がしやすいハリオV 60ドリッパーをおすすめしています。シルバートンは『見たことのない抽出器具だから、飲んでみたい』と言われる方も多いですね」（マネージャー兼バリスタの桜井志保さん）

多様な客層が集う店だけに、取り扱うコーヒーは産地も精製方法もあえてバラバラにし、幅広い好みに合うよう意識している。コーヒーは入れ替わるので、それを楽しみにしている常連客も多い。

今回使用したエチオピアは、収穫後のコーヒーチェリーを1年間冷暗所で熟成させた、ナチュラルプロセスのコーヒー豆。ハリオV 60ドリッパーでリズミカルに抽出することで、スペシャルティコーヒーらしいフルーティーな甘さを引き出した。

一方のコロンビアはフリーウォッシュドの豆。これは浸漬式のシルバートンで抽出することで、柑橘系のオレンジの酸味をクリーンに表現した。

SHOP DATA
- ■住所／東京都墨田区業平1-18-2　1階
- ■TEL／03（6658）8680
- ■営業時間／火曜・水曜・木曜12時〜18時、金曜12時〜22時、
  　　　　　　土曜10時30分〜22時、日曜・祝日10時30分〜18時30分
- ■定休日／月曜（祝日の場合は営業）
- ■坪数・席数／16坪・24席　　■客単価／1500円
- ■URL／http://www.unlimitedcoffeeroasters.com

METHOD - **1** ／ **UNLIMITED COFFEE BAR TOKYO**

Paper drip

リズミカルな注湯を繰り返し、フルーティーなフレーバーを引き出す

【 味わい 】

	1	2	3	4	5
甘み					●
酸味				●	
苦味			●		
コク				●	
香り					●

**フィルターコーヒー
680円**

レッドグレープのような華やかさとブランデーのような発酵した後味が楽しめる。

【 豆 】

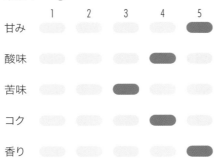

**エチオピア シャキソ
レッドリザーバ ナチュラル**
エチオピアのスペシャルティ産地として名高いシダモ地方のシャキッソ地区で栽培されたコーヒー豆。1年間熟成させたナチュラルプロセス。100ｇ1296円。

【 器具 】

・フィルター：(bonmac)
・サーバー：(ハリオ)
・スケール：(acaia)

ミディアムライトローストの「エチオピア・シャキソ」をハリオV60ドリッパーを用いて抽出する。

同店オリジナルロゴを入れたV60ドリッパーは陶器製を採用。保温性が高く、温度をキープできる。湯量や注湯速度などをバリスタの技術で調整できるため、個性あるフレーバーのコーヒーに適したドリッパーといえる。

このドリッパーにペーパーフィルターをセットしたら、湯をかけてリンスし、紙のにおいを落とす。また豆を挽く際には、その前にグラインダーに分量外の豆を数粒入れて挽き、直前に使用した別の豆の風味が混ざらないようにする。こうした細かな配慮を心がけることで、キャラクターが明確なナチュラルプロセスの豆の持ち味を存分に活かせるようにしている。

ドリッパーにコーヒー粉を入れたら、注湯は全部で4回。最初に30ml入れて蒸らしたら、90ml、60ml、45mlとリズミカルに注いでいき、コーヒーを落とす。

【　抽出メソッド　】

【1杯分（抽出量：約190ml）】
豆量：15g
湯量：225ml
湯温：96℃

工程	累計時間	注湯量
1湯目	0秒〜5秒	30ml
蒸らし	(30秒間)	
2湯目	30秒〜	90ml
3湯目	50秒〜	60ml
4湯目	1分10秒〜	45ml
出来上がり	2分30秒	(抽出量)約190ml

【　プロセス　】

1 ドリッパーにペーパーをセットし、ペーパー全体に湯をかける（リンス）。紙のにおいを落とし、器具を温めるため。

2 グラインダーに、分量とは別にコーヒー豆を数粒入れて挽く。グラインダー内に残った微量のコーヒーを取り除く。

3 分量のコーヒー豆を中挽きにし、粉をドリッパーに入れて平らにする。

4 粉全体にかかるよう、湯を30ml注ぎ、30秒経つまで蒸らす。ポットは「タカヒロ」を使用。

5 湯90mlを、円を描くようにしながら注ぐ。少し沈んだら60mlを、同様に注ぐ。最後に45mlを注ぎ、コーヒーを落とし終えたらドリッパーを外す。

6 ヘラで上下を混ぜて濃度を均一にしてから、きちんと豆の特徴が出ているかをテイスティングで確認し、カップに注ぐ。

METHOD - 2 / UNLIMITED COFFEE BAR TOKYO

Paper drip

浸漬＋透過ができるドリッパーで
ダイレクトな味わいをクリーンな飲み口で

【　味わい　】

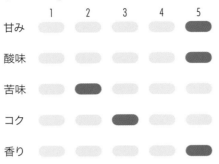

	1	2	3	4	5
甘み					●
酸味					●
苦味		●			
コク			●		
香り					●

フィルターコーヒー
680円

コロンビアコーヒーらしい、きれいで明るい柑橘系の酸味が特徴。ブラウンシュガーのような甘みやコクも感じられる。

【　豆　】

**コロンビア ナランホ
フリーウォッシュト**
グレードAAAの高品質マイクロロット。柑橘系のオレンジの酸味が特徴。カプチーノやカフェオレなどミルクと合わせる飲み方にもおすすめ。100g1080円。

【　器具　】

・ドリッパー：（シルバートン）
・フィルター：（bonmac）
・サーバー：（シルバートン）
・スケール：（acaia）
・ケトル：（テフロンピッチャー）
・木ベラ

「シルバートン」は、すっきりと美しいフォルムが目をひく、日本ではまだ珍しいガラス製の抽出器具。

　上部にフィルターをセットし、コーヒー粉を入れたら、湯を全量、一気に注いで粉を浸漬する。そしてサイフォンのように、コーヒーを落とす直前に攪拌して抽出を促す。コックをひねると、コーヒーがフィルターで濾されて下のサーバーに溜まる。

　摘出されたコーヒーはクリーンで、カッピング時に近いフレーバーが出せるのが特徴だ。コーヒーを落とすまで4分かかるので、コーヒーが冷めないようサーバーは湯で温めておくようにするのがポイントだ。

　この器具の利点は、浸漬してからペーパーフィルターで透過させるので、すっきりしながらもコーヒーの特徴をダイレクトに表現することができること。

　ここでは、ミディアムライトローストの「コロンビア　ナランホ」を用いて抽出してもらった。

【 抽出メソッド 】

☕ **【1杯分（抽出量：約180ml）】**
豆量：15g
湯量：215ml
湯温：96℃

工程	工程の見極め	注湯量
注湯	一度に勢いよく注ぐ	215ml
浸漬	(4分間)	
撹拌	浮いている粉をヘラで軽く混ぜる	
抽出	落とし切る（目安は1分間）	
出来上がり		(抽出量)約180ml

【 プロセス 】

1 上部のドリッパーにペーパーをセットする。ペーパーは「ボンマック」の台形フィルターを折り曲げて使用。

2 ペーパー全体に湯をかける（リンス）。すぐにコックをひねり、湯を落とす。

3 まず分量とは別にコーヒー豆を数粒入れて挽く（グラインダー内に残った微量のコーヒーを取り除くため）。分量のコーヒー豆を中粗挽きにし、粉をドリッパーに入れる。

4 タイマーを4分にセットする。分量の湯を一気に注ぎ、粉全体を浸漬させる。浸漬している間、サーバーは湯で温めておく。冬場は途中で湯を入れ替える。

5 3分50秒でサーバーの湯を捨てる。4分経ったら上に浮いている粉を木ベラで3回クルクルと撹拌する。下部の粉まで混ぜると雑味が出る。

6 コックをひねり、コーヒーを落としきる。完全に落ちきるまで、1分が目安。

7 サーバーをゆすり、全体を混ぜてから、湯で温めておいたカップに注ぐ。

37

[愛知・名古屋]

キューオーエルコーヒー

Q.O.L. COFFEE

METHOD-1

Paper drip

METHOD-2

Airpressure

すべての豆で、抽出法をエアロプレスにしてオーダーすることもできる。しっかりと豆の持ち味を引き出せるインバート式を採用している。

コーヒーサーバーとミニカップに、豆の情報カードを添えて提供する。

オーナーの嶋 勇也さん。オーストラリア・メルボルンのコーヒーカルチャーに刺激を受け、現地で腕を磨く。生まれ育った名古屋で2017年に開業。国内外のイベントにも積極的に出店中。

エアロプレスは湯温のわずかな違いが味に影響するので、1℃単位で温度設定ができるブリューイスタの電気ケトルを使用し、繊細な味わいの再現性を高めている。

豆の挽き目や注湯を細かく調整し、
クリアなフレーバーを追求する

平日はオフィスワーカー、休日は若者客を集客する、スペシャルティコーヒー専門のロースター＆カフェ『Q.O.L. COFFEE』。カフェとテイクアウトでのコーヒー提供や豆の販売に加え、機能とデザインにもこだわった抽出器具を取り揃えて、コーヒーのある豊かなライフスタイルを提案している。

豆のラインナップは、浅煎り〜中煎りを中心としたシングルオリジンが7種類ほど。多様な持ち味に、希少性の高い銘柄まで、バランスよく揃える。オーナーの嶋 勇也さんがコーヒーの味づくりで大切にするのは、豆の持ち味を出し切ること。細挽きの豆を使って、湯温、湯量、蒸らし時間、注湯速度などを設定し、グレープフルーツのような甘酸っぱさや、キャラメルを思わせる香ばしさ、マンゴーのようなまったりとした甘みなどの特性を引き出していく。

抽出のメインに据えるのが、ペーパードリップによる「フィルターコーヒー」だ。ドリッパーは、さまざまなメーカーやタイプを試した中から、スッキリとした口当たりに仕上がるKINTOの磁器製ドリッパーを採用。通常、浅煎りの豆を細かく挽いて使うと、フィルターが目詰まりしやすいが、このドリッパーは抽出穴が大きくすっきりとした形状のため抽出がスムーズで、嫌な雑味が出にくい。

抽出のレシピは、開業当初から試行錯誤を重ねてきた。以前は、蒸らし時間をほとんどとらずに湯を一点に集中して注ぐ方法をとっていたが、仕上がりがやや重たい印象があった。現在は、蒸らし後の注湯を2〜3回に区切って行うことで、サラッと軽い仕上がりに調整。

抽出方法は、すべての豆でエアロプレスにも変更が可能で、器具を上下逆に使用するインバート式を採用している。抽出液が漏れ出すことなく、また、粉と湯が接する時間が長いため、しっかりと豆の持ち味を引き出せるのがメリットだ。ジューシーさのある浅煎りの豆ほど甘みが際立ち、温度が下がっても甘い余韻が楽しめる。

SHOP DATA

■住所／愛知県名古屋市中区丸の内3-5-1 マジマビル1・2F
■TEL／052(746)9134
■営業時間／7時30分〜19時、土日祝9時〜18時
■定休日／無休
■坪数・席数／36坪(1・2F)・29席
■客単価／850円
■URL／http://www.qolcoffee.com

METHOD - **1** / **Q.O.L. COFFEE**

Paper drip

20秒程の注湯を繰り返し、クリアに仕上げる

【 味わい 】

	1		3	4	5
甘み				●	
酸味		●			
苦味		●			
コク			●		
香り				●	

**フィルターコーヒー
500円**

ペーパードリップによる「フィルターコーヒー」は500円。中国・雲南省産のコーヒー豆は浅煎りにして使用。さらっとクリアに抽出することで、青リンゴやチェリー、後味のキャラメルのフレーバーを強調する。

【 豆 】

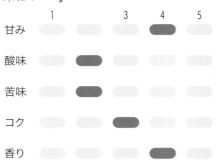

**中国 雲南省 飛鶏
班馬荘園**
中国で歴史あるコーヒー産地の、ウォッシュドタイプ。青リンゴやチェリーに、後味はキャラメルのような風味が広がる。100g850円。

【 器具 】

・ドリッパー：(KINTO／磁器製)
・ペーパーフィルター：
　(ラッキーコーヒーマシン)
・ドリップスタンド：(KINTO)
・サーバー：(KINTO)
・スケール：(ハリオ)
・ケトル：(FELLOW)

　浅煎りにした中国・雲南産のコーヒー豆を、KINTOの磁器製ドリッパーを用いて抽出する。フィルターは、ペーパーの香りが抽出液に影響しにくいボンマック製、ケトルは、一定の湯量で狙った場所に注ぎやすいFELLOWを愛用している。

　ここで使用するのは中国・雲南省産のウォッシュドタイプの豆で、その持ち味を出し切るために、挽き目は細かくする。

　浅煎りなので、湯温は93℃。逆に深煎りの場合は、苦みが出過ぎないよう89℃に落として抽出。豆と湯温の関係を重視して抽出を行っている。

　蒸らし後の2・3湯目では、粉を攪拌するように上下に動かしながら湯を注ぐ。余分な重さや雑味が出ないよう、1回に注ぐ時間は20秒程度まで。コーヒーをサラッとクリアに仕上げることで、フレーバーを感じやすくなる。

　今回使用した、中国のウォッシュドタイプの浅煎り豆では、青リンゴやチェリーといった繊細なフレーバーがより際立ってくる。

【 抽出メソッド 】

【1杯分（抽出量：230ml）】
豆量：21g
湯量：280ml
湯温：93℃

工程	累計時間	注湯量
1湯目（蒸らし）	0秒〜	40〜50ml
2湯目	40秒〜	130〜140ml
3湯目	1分30秒〜	70〜100ml
4湯目	2分30秒〜	0〜30ml
出来上がり	3分〜3分30秒	（抽出量）230ml

【 プロセス 】

1 スケールの上にドリップスタンドとドリッパー、ペーパーをセットする。紙のにおいが抽出液に移らないよう、ペーパーに湯を回しかける。

2 豆を細挽きにしてドリッパーに入れる。

3 湯温は、今回の浅煎りでは93℃、深煎りでは苦味が出すぎないよう89℃。スケールの計測をスタートし、中心から円を描くように湯をかけ、粉全体を湿らせて蒸らす。

4 注ぎ始めから40秒経ったら、蒸らし後の注湯。ケトルの注ぎ口を上下させながら、ドリッパー内の粉を攪拌するようなイメージで行う。

5 ドリッパー内の湯が落ちきったら、3湯目を同様に注ぐ。3湯目の注ぎ終わりを計250mlに合わせる。

6 2分30秒くらいから、湯量調整のため、粉の中心の一点に向けて30mlを静かに注ぐ。抽出具合によっては3湯目で仕上げることもある。

7 ドリッパーを外し、サーバーを振って抽出液を混ぜる。

METHOD - **2** / **Q.O.L. COFFEE**

Airpressure

エアロプレスのインバート法で浅煎り豆の味を引き出す

【 味わい 】

	1	2	3	4	5
甘み					●
酸味				●	
苦味	●				
コク			●		
香り				●	

（メニュー外）

全ての豆で、抽出法を「フィルターコーヒー」以外に「エアロプレス」にもできる。より深いフレーバーが楽しめる。

【 豆 】

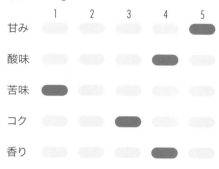

**コロンビア ウィラ地区
インデペンデント農園
アセベド氏**

希少なピンクブルボン種の豆。ピンクグレープフルーツ、クランベリー、ざくろといった爽やかなフレーバーを楽しめる。100ｇ1500円。

※現在は取り扱いなし

【 器具 】

・エアロプレス：（エアロビー）
・サーバー：（KINTO）
・スケール：（ハリオ）
・ケトル：（ブリューイスタ）

『Q.O.L. COFFEE』では、全ての豆で抽出方法をエアロプレスに変更することができる。エアロプレスは、同店では器具をひっくり返して抽出するインバート法を採用。コーヒー粉が湯に接する時間が長いため、より深くフレーバーが引き出せるのが特徴で、今回のような浅煎りコーヒーの抽出に向くという。

ちなみにエアロプレスは、わずかな湯温の違いで仕上がりに変化が生じるため、同店では1℃単位で温度設定できるブリューイスタの電気ケトルを使用。きっちり93℃に合わせる。

豆の量はペーパードリップと同様だが、抽出液がオイル分を含み、フレーバーがよりくっきりと現れる分、豆の挽き目は細挽きの中でもやや粗めにする。注湯は3回に分けて行い、途中の攪拌やアク取り、プレスの押し込み具合にも気を遣う。

ジューシーさのある浅煎りの豆ほど、エアロプレスで抽出することで甘みが際立ち、温度が下がっても甘い余韻が楽しめる。

【　抽出メソッド　】

【1杯強分（抽出量：210ml）】
豆量：21g
湯量：250ml
湯温：93℃

工程	累計時間	注湯量
注湯＋パドルで撹拌＋蒸らし	0秒〜	50ml
注湯＋パドルで撹拌	30秒〜	100ml
注湯	1分10秒頃〜	100ml
アク取り	2分頃〜	
器具の上下を返し、プランジャーを押し下げる	3分〜	
出来上がり	4分〜4分20秒	（抽出量）210ml

【　プロセス　】

1
エアロプレスのプランジャーが下、チャンバーが上になるようセットし、器具を湯で温めてから、コーヒーの粉を入れる。

2
スケールの計測をスタートし、93℃の湯を50ml注いで粉全体を湿らせる。

3
パドルを使って全体を3回撹拌し、そのまま置いて蒸らす。

4
30秒経ったら、片手で器具をまわしながら湯を100ml注ぐ。

5
液面に浮いた粉をなじませるよう、パドルでゆっくり丁寧に3回混ぜる。

5
1分10秒頃から100mlを追加で注ぎ、2分頃からスプーンで表面のアクを取る。

7
3分経過したら、湯通ししておいたフィルター付きのキャップをはめ、中で粉と液体が動かないよう、キャップが液面ギリギリにくるまで下げる。

8
サーバーを上に乗せて、器具と一緒に上下をひっくり返す。プランジャーに両手を重ねて乗せ、プスッと空気が鳴る手前まで、手の重みを利用してゆっくり押し込む。

［東京・富ヶ谷］

ザ コーヒーショップ

THE COFFEESHOP

METHOD-1　METHOD-2　METHOD-3

Metal drip　Airpressure　Frenchpressure

店は2013年にオープン。自家焙煎で豆の卸しや家庭向け商品でも人気だ。萩原 大智さんはストアマネージャーを勤める。

豆の個性を引き出す3つの抽出法の中で、基本のハンドドリップは、工程数がより少ない、金属フィルターを使用する。

抽出時間が短く、すっきりとした味わいになる抽出法のエアロプレス。フレーバーの立ちが良く、コーヒーの華やかさを楽しませたい時に使用している。

抽出方法が簡単で、失敗が少ないフレンチプレス。素材の味をダイレクトに抽出できるので、COEなど特に品質に優れた豆の個性をそのまま楽しませたい抽出法だ。

味ブレを防ぎ、家飲みコーヒーも促進させる。
豆の個性を活かす、3つのアイスコーヒー抽出法

東京・富ヶ谷にある『THE COFFEESHOP』は、2011年に同店代表を務める萩原善之介さんが友人とともに、東京・代官山にコーヒースタンドを開業（現在は閉店）、2013年には現在の場所で自家焙煎を行うスペシャルティコーヒーの店としてオープンした。

豆の卸しのほか、一般向けには毎月コーヒー豆を届けるコーヒー定期便が人気を集めている。また、ECサイトでは抽出方法や抽出器具のレポート記事など独自のコンテンツも充実させている。オリジナルドリップバッグの作成も行っており、幅広くファンを増やしているロースターだ。

同店では、スペシャルティコーヒーを抽出する時、どの抽出方法でも甘さをしっかり引き出すことをテーマにしている。

「アイスコーヒーは、まだまだ苦くて濃いというイメージがあると思います。ここ何年かで明るい酸味を持つアイスコーヒーを出すお店が増えてはきましたが、うちでは2018年頃から甘さにフォーカスし、その個性を活かした抽出を行うようになりました。美味しいスペシャルティコーヒーは、酸味だけでなく、甘さもしっかりあるコーヒーだと思います」

というのは、同店ストアマネージャーの萩原大智さんだ。その萩原さんに、46〜51ページにかけて、豆の特徴に合わせた、それぞれの個性を引き出すのに最適な3つの抽出方法——ハンドドリップ、エアロプレス、フレンチプレス——を教えてもらった。

それら3タイプの抽出方法は、どれもお客に家飲みコーヒーを促進する目的から、手軽に失敗なくできるよう、シンプルな工程で行えるレシピにしている。またお客のためだけでなく、店でもオペレーション面で負担が少なく、かつスタッフの違いによる味のブレが少なくできるという利点もある。

SHOP DATA
- 住所／東京都渋谷区富ヶ谷2-22-12
- TEL／03(6407)1344
- 営業時間／9時〜17時
- 定休日／年中無休
- 坪数・席数／12坪・4席
- 客単価／400〜500円(カフェ)
- URL／https://www.thecoffeeshop.jp/

METHOD - 1 / **THE COFFEESHOP**

Metal drip

金属フィルターで抽出する、急冷式のアイスコーヒー

【 味わい 】

	1	2	3	4	5
甘み					●
酸味		●			
苦味			●		
コク					●
香り				●	

夏季限定商品
アイスコーヒーミックス2021
520円

豆は、焙煎の段階で甘さを引き出したアイスブレンド。抽出したまま氷で冷やす急冷式の抽出により、甘みを引き立たせる。

【 豆 】

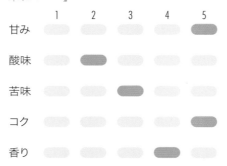

夏季限定商品
アイスコーヒーミックス2021
毎年豆は変わるが、この年はエチオピア、コロンビア、ブラジルのコーヒーを使ったブレンド。

【 器具 】

・フィルター：
「金属製コーヒーフィルター」
(able KONE FILTER)

・ドリッパー：
「V60透過・ドリッパー02 陶器」
(ハリオ)

・サーバー：
「V60レンジサーバー600 クリア」
(ハリオ)

・ケトル：「アクティ」(ビタントニオ)

・スケール：
「デジタルスケールパール」
(acaia)

『THE COFFEESHOP』で行っているアイスコーヒーの抽出法の中で、最も基本的な技法であるハンドドリップでの抽出。フィルターには金属フィルターを使用した。

豆は、焙煎の段階で甘さを引き出したアイスブレンド「アイスコーヒーミックス2021」。ハンドドリップでの抽出では、この甘さをより引き出すことを意識している。

今回のようにサーバー内に氷を入れ、急冷式で抽出する際に重要なのが、蒸らしの行程だ。急冷式では、粉量が多く湯量が少なくなるため、蒸らしの際に湯が豆に行き届かず、味のブレにつながりやすい。そのため、注湯する際は細くゆっくりと注ぎ、豆全体を湯にふれさせることが大切だ。

また、ここで使用した金属フィルターでは、抽出の後半にかけてフィルターの目詰まりが起こりやすい。その場合「タンピング」と呼ばれる、強制的に湯だまりを解消する手法を取り入れ、時間内に抽出が終えることが大切だという。

【 抽出メソッド 】

【1杯分（抽出量：約250ml）】
豆量：27g
湯量：200ml（氷130g）
湯温：92℃

工程	累計時間	注湯量
1湯目（蒸らし）	0秒〜45秒	40ml
2湯目	45秒〜55秒	40ml
3湯目	1分5秒〜1分15秒	40ml
4湯目	1分25秒〜1分35秒	40ml
5湯目	1分45秒〜1分55秒	40ml
6湯目	2分5秒〜2分15秒	40ml
出来上がり	2分30秒〜2分45秒	約250ml

【 プロセス 】

1 サーバーに氷を入れ、ドリッパーと金属フィルターをセットする。コーヒーの粉をフィルターに入れ、平らにならす。

2 最初は蒸らしの工程。90〜94℃の湯を40ml入れたら、45秒蒸らす。

3 蒸らしを終えたら、5回に分けて湯を注ぎ抽出する。毎回、10秒間で40ml注ぎ、その後10秒待つを繰り返して合計200mlまで注ぐ。

4 後半は、フィルターがコーヒー粉で目詰まりしてくる。時間内に抽出できないと感じたら、フィルターを水平に持ち上げてドリッパーに自然に落とす「タンピング」を行い、抽出を促進する。

5 2分30秒を目安にドリッパーを外し、抽出されたコーヒーをかき混ぜて、氷を入れたグラスに注ぐ。

47

METHOD - **2** / **THE COFFEESHOP**

Airpressure

エアロプレスのインバート式で
抽出するすっきりしたアイスコーヒー

【 味わい 】

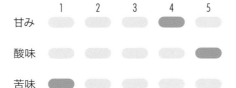

	1	2	3	4	5
甘み				●	
酸味					●
苦味	●				
コク		●			
香り				●	

ルワンダ／
レメラ・ナチュラル
520円

店のコーヒー豆の中で最も浅煎り。ア
プリコットや紅茶の風味も感じられ、
フルーティーでフローラルなすっきりと
した印象が特徴。

【 豆 】

ルワンダ／レメラ・ナチュラル
店で取り扱う豆の中で最も浅煎り。
アプリコットや紅茶の風味が感じ
られ、フルーティーでフローラルな
すっきりとした印象のコーヒー。

【 器具 】

・エアロプレス（エアロビー）

　すっきりとしたルワンダの豆に合わせて、抽出方法の中で最もすっきりした印象に仕上がるエアロプレスを選択。エアロプレスは他の抽出法に比べて抽出時間が短く、フレーバーの立ちが良い。コーヒーの華やかさを楽しみたい時にもおすすめだ。

　エアロプレスにはスタンダード式とインバート式の2つのいれ方があり、ここではインバート式で抽出を行った。「"逆さま"という意味で、エアロプレスを逆さにして使います。お湯がホールドされている時間が長く、手早さによる抽出のブレが起きにくいのが利点です」と萩原さん。

　ポイントは、蒸らしの行程。明確な蒸らし時間は設けていないが、パドルで撹拌する作業が蒸らしにあたるので、しっかりと撹拌を行うことが重要。インバート式では、最後にエアロプレスをひっくり返す時、チャンバーとプランジャーを両方しっかりと手で持って返さないと、接合が外れてコーヒーが溢れてしまう可能性があるので注意したい。

【　抽出メソッド　】

☕ 【1杯分（抽出量：約250ml）】
豆量：24g
湯量：200ml（氷130g）
湯温：94℃

工程	累計時間	注湯量
1湯目	0〜10秒	100ml
攪拌	10秒〜20秒 10回	
2湯目	20秒〜30秒	100ml
浸漬	30秒〜1分	90ml
プレス	1分〜1分30秒	
出来上がり		約250ml

【　プ　ロ　セ　ス　】

1

サーバーに氷を入れ、上にファンネルをさしておく。金属フィルターは湯で軽く湿らせてから、フィルターキャップに装着する。

2

プランジャー（内筒）とチャンバー（外筒）を組み合わせ、プランジャーが下になるようにしてスケールの上にのせる。上からコーヒーの粉を入れる。

3

タイマーをスタートさせ、湯を100ml注ぐ。パドルを使って10回攪拌する。

4

再び100mlの湯を注ぐ。フィルターキャップを付け、タイマーが1分になるまで置く。

5

1分になったら、エアロプレスを逆さまにしてサーバーにのせたファンネルの上に置き、プランジャーを下に向かってゆっくり押していく。30秒ほどかけて、ゆっくり押すのがポイント。

6

空気の抜ける「シュー」という音がしたら押すのをやめ、エアロプレスを外す。

7

サーバーに抽出されたコーヒーをしっかりとかき混ぜて冷やしたら、完成。氷を入れたグラスに注ぐ。

49

METHOD - 3 / **THE COFFEESHOP**

Frenchpressure

素材の味がダイレクトに感じられる、フレンチプレスのアイスコーヒー

【 味わい 】

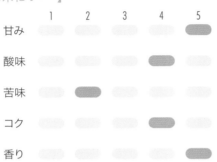

	1	2	3	4	5
甘み					●
酸味				●	
苦味		●			
コク				●	
香り					●

エルサルバドル／
COE2019♯25ラス・ニンファス
670円

2019年のCOEで入賞したナチュラル
プロセスのスペシャルティコーヒーで、
トロピカルな独特の風味が特徴。

【 豆 】

**エルサルバドル ／
COE2019♯25ラス・ニンファス**
人気の高いパカラマ品種で、オーク
ションに参加して仕入れたロット
となる。キャラメルやトロピカルフ
ルーツ、バニラ、クランベリーのよ
うな複雑な風味とクリーミーな口当
たりが特徴。

【 器 具 】

・フレンチプレス：
「コーヒープレス　コロンビア」
（ボダム）
・ケトル：「アクティ」（ビタントニオ）
・スケール：
「デジタルスケール パール」
（acaia）

　フレンチプレスの魅力は、抽出方法が簡単
で失敗が少ないことだ、と語る萩原さん。
「素材の味をダイレクトに抽出できる方法です。
COEに入賞するようなトップクオリティの豆を
フレンチプレスでいれると、何も足さず何も引
かない、そのままの味が楽しめます」

　使用したフレンチプレスは、ボダムのコロン
ビア。ステンレス製なのが特徴だ。

　「デザインが好きで使っていますが、それだ
けでなく、ステンレス製は保温性も高いのでそ
の点も気に入っています。湯温が下がりやすい
冬場には、保温性が高いと抽出ブレも起きにく
くなります」

　フレンチプレスの抽出方法はいたってシンプ
ルだが、「蒸らし」の工程でちょっとしたポイント
がある。「豆にお湯を行き渡らせるため、フレ
ンチプレスは置いたままではなく、手に持って
軽く回しながらお湯を注いでいきます」と萩原
さん。こうすることで全体にまんべんなく湯を
いき渡らせることができ、味のブレも少なくな
るという。

【 抽出メソッド 】

【1杯分（抽出量：約250ml）】
豆量：24g
湯量：200ml（氷130g）
湯温：94℃

工程	累計時間	注湯量
1湯目（蒸らし）	0〜30秒	100ml
2湯目	30秒〜40秒	100ml
待機	40秒〜4分	
フィルターを下げ、氷を入れたサーバーで急冷	4分〜4分10秒	
出来上がり		約250ml

【 プロセス 】

1 抽出前に、フレンチプレスに湯を入れて保温する。温まったら、湯は捨てておく。

2 スケールの上にフレンチプレスを置き、コーヒーの粉を入れる。

3 タイマーをスタートさせ、100mlの湯を注ぐ。フレンチプレスを持って軽く回しながら、円を描くように注湯することで、粉に湯を行きわたらせる。この後、30秒蒸らす。

4 蒸らしを終えたら、さらに湯100mlを注ぐ。

5 湯を入れ終えたら、フィルターをセットし、4分待つ。待っている間に、サーバーに氷（130g）を入れておく。

6 4分経ったら、フィルターをゆっくりと押す。押すスピードが速いと、微粉が舞ってしまうため注意。

7 フィルターを下まで押しきったら、氷を入れておいたサーバーにコーヒーを移す。

8 かき混ぜて急冷する。微粉が気になる場合は、7の段階で濾し器などを使って注ぐと良い。

[愛知・名古屋]

マナブコーヒー

manabu-coffee

METHOD-1　METHOD-2

Nel drip　Nel drip

福田学さん。スペシャルティ
コーヒーの名店「ペギー珈琲店」
（名古屋市）に10年以上勤め、
ネルドリップや焙煎の技術を磨
く。2016年12月に自家焙煎店
『マナブコーヒー』を開業した。

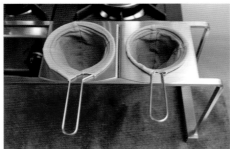

ネルフィルターは特注品。最適な深さ
や大きさを追求した。布の外側が起
毛しており、メンテナンスがしやすい。

濃厚でまろやかな味わいのネルドリップ
コーヒー。レシピは焙煎度合いに応じて
アレンジし、美味しい部分のみ抽出する。

IIAC、IEIが定めた、厳しい基準に沿って、本物のイタリアンエスプレッソを抽出する

　本格派のイタリア・バールをテーマに、人気を集める『バール・デルソーレ』。エスプレッソも、イタリアの伝統的な手法を伝承している。その手法とは、イタリアのIIAC（国際カフェテイスティング協会）・IEI（イタリアエスプレッソ協会）によって定められた基準に沿ったもの。それは、

　豆は5種類以上をブレンドしなくてはならない。

　シングル1杯に使用する分量は7g±0.5g。

　抽出は9気圧（9バール）・90℃で一定した蒸気で行う。

　抽出時間は25秒±2.5秒。

　抽出されたエスプレッソはカップに入った時に63℃±3℃。

　抽出量は25ml±2.5ml。

　さらにカップについても、口径が5㎝～6㎝、擦り切り量で50ml～70mlのものを使用しなければならない。

　以上のように、イタリアと変わらぬ本物のイタリアンエスプレッソを抽出するには、厳格なルールが設けられている。こうした指針に対して同店バリスタの渡部祐子さんは、

　「そもそもバリスタとは、バールのバンコ（カウンター）にて、エスプレッソマシンを使ったドリンクを、お客様とのコミュニケーションにより、味を合わせ好みに近づけられる職人だと思っています。そこで修業中は、技術の習得や豆に対する知識だけでなく、地域による味の違いや自分の味覚を知ること、それに化学の勉強も行います。エスプレッソをいれられる一人前のバリスタになるには、10年はかかるといわれています。エスプレッソをいれられるようになったら、イタリアンエスプレッソの素晴らしさやバリスタの技術の高さを伝えられるかを、日々の営業で追求しています。先に示されたIIACやIEIの厳格な指針は、そうした魅力をお客様に正確に伝えるための大前提として重要で、その指針を基に抽出できるよう努めています」と話す。

SHOP DATA
- ■住所／東京都中央区銀座2-4-6　銀座Velvia館1階
- ■TEL／03（5159）2020
- ■営業時間／11時～23時（ラストオーダー22時30分）
- ■定休日／無休
- ■坪数・席数／20坪・33席
- ■客単価／昼1000円、夜2500円
- ■URL／https://www.delsole.st/shopinfomation/ginza2due/

METHOD – **1** ／ **GINZA BAR DELSOLE 2Due**

Espresso

お客からのアプローチを大切に、好みの味にエスプレッソを抽出する

【 味わい 】

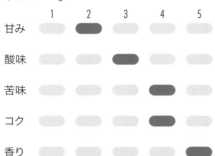

	1	2	3	4	5
甘み		●			
酸味			●		
苦味				●	
コク				●	
香り					●

※同店では、実際にはコーヒーの味わい評価にIIAC基準を採用している。

エスプレッソ
シングル
220円

「グラン バール」を使い、本場イタリアと同じメソッドで抽出されたエスプレッソは、チョコレートの香りとヘーゼルナッツの香りが余韻として長く続く。酸味と苦みのバランスが良く、豊かな味わいと香りが特徴。

【 豆 】

ミラーニ社「グラン バール」
エスプレッソ専用の豆で、ブラジル、エチオピアエルサルバドル、コロンビア、プエルトリコパプアニューギニア、ガテマラの7か国の豆をブレンド。アラビカ種70％、ロブスタ種30％の割合。フルシティー。1kg5184円

【 器具 】

・エスプレッソマシン：
（ラ・チンバリー）
※現在はRANCILIO SPECIALTY RSI-2Gを使用

・グラインダー（ラ・チンバリー）

　エスプレッソとは、「急行・速達」＝（早い）という意味があるが、それには抽出時間に加え、提供時間までが含まれる。注文・抽出から提供までが1分を超えると、イタリアではエスプレッソとは呼べないという。

　またエスプレッソメンテという言葉がある。これは、あなたのために、特別に、ということで、イタリアのエスプレッソは使用する豆からのアプローチではなく、お客からのアプローチで抽出。いかにお客の好みに合わせるかを大切にしている。

　『バール・デルソーレ』バリスタの渡部祐子さんによると、一流のバリスタは、1度のエスプレッソの注文で10通りの抽出方法を考えると言われている。

　「お客様と接し、会話することで職種や好みを見抜き、それによって均しの方法を通常3回叩くのを4回叩くとか、タンピングを強く・弱くとかに変更していきます。マエストロと呼ばれる職人の中の職人バリスタは、40通の方法で提供を行う！と言われています」

【 抽出メソッド 】

☕ 【シングル（抽出量：25ml±2.5ml）】
豆量：7g±0.5g
気圧：9気圧
湯温：90℃

工程	累計時間	注湯量
ポルタフィルターをグループヘッドから外し、コーヒーかすを取り除く		
グラインダーから、挽いたコーヒー粉をポルタフィルターのバスケットに入れる。		
タンピングしてコーヒー粉を押し固め、水平にする。		
抽出	〜25秒±2.5秒	
出来上がり		25ml±2.5ml

【 プロセス 】

1 コーヒー粉を詰めるポルタフィルターは、前のオーダーで使い終えた状態のままにしておき、エスプレッソを抽出する直前にグループヘッドから外す。

2 ポルタフィルターでノックボックスコーヒーを叩いて、フィルター内のコーヒーかすを落とす。抽出直前に行うことで、コーヒーの脱臭作用により、ホルダーの金属臭が抽出するエスプレッソに影響しない。

3 ポルタフィルターのリムに付いたコーヒーかすを拭き取ったら、グラインダーのフィルターサポートに置いて、コーヒー粉を入れる。常時オーダーが入るので、お客を待たせないよう豆はドサー内にある程度挽き溜めておく。

4 ポルタフィルターのリムをトントンと叩いて、コーヒー粉がバスケット内に均等な厚さに行きわたらせる。

5 バスケット内のコーヒー粉を押し固めるために、タンピングを行う。スピード重視のため、店ではミルタンパーを使っている。傾いたりすると抽出がうまくいかないので、水平で均一な状態にする。またお客様の好みにより、タンピングの強弱で味わいを変えることもある。

6 リムに付いたコーヒー粉を取り除き、グループヘッドにセットしてスタートボタンを押す。

7 スタート後、4〜5秒で抽出液が落ちてくるので、その間にマシン上部に置いているカップをセットして、エスプレッソを受ける。

［福岡・小倉］

焙煎屋 森山珈琲 中津口店

METHOD-1
Paper drip

METHOD-2
Net drip

豆の産地や個性、焙煎度合いによって適したいれ方はあるが、基本的にどの豆でも要望があれば、できる限りの抽出方法で対応している。

ORIGAMIドリッパーにカリタウェーブフィルターを合わせて使用。

森山利忠さんは福岡にスペシャルティコーヒーを広めた一人。2018年には「ローストマスターズチームチャレンジ」に参加するなど、勉強熱心な人柄で知られる。

イブラヒム・モカでいれたデミタスコーヒー。抽出器具は油分が適度に液体に含まれるネルドリップがおすすめ。深煎りの豆のボディ感が引き立つ。

浸漬から透過まで多様な抽出に触れ、構築された独自の抽出理論

元々、サイフォンコーヒーを柱とした喫茶として40年以上前に創業した『森山珈琲』。九州のコーヒー業界でも一目置かれる存在として知られ、その理由はオーナー・森山利忠さんの強い探究心にある。森山さんはネル、ペーパードリップと豆の銘柄や焙煎度に合わせて、抽出方法を研究・実践。さらに、約30年前に自家焙煎に着手するなど、さまざまな側面から真摯にコーヒーと向き合ってきた。

そんな森山さんにとって大きな転機となったのが、スペシャルティコーヒーの前身ともいえる、グルメコーヒーとの出会い。「1997年に国連が始めたグルメコーヒープロジェクトを通して生豆の品質の違いを痛感しました。ハイクオリティな味わいを体験してしまったので、スペシャルティコーヒーを扱うようになったのは自然な流れでしたね」と森山さん。生産者から直接上質な豆を買い付ける共同購入グループ「C-COOP」に立ち上げ時から加入し、現在も同様のルートで生豆を買い付けている。店で扱う豆を

スペシャルティコーヒーに切り替えてからは、フレンチプレス、エスプレッソマシン、エアロプレスなど、さらに多彩な器具での抽出にチャレンジ。今も店舗ではすべてのいれ方を選べるようにし、抽出方法による味の違いを体験として発信している。

豆の種類もシングルオリジンだけで常時約12種と多彩。ニカラグア、ブラジル、グアテマラ、エルサルバドルといった中南米産から、ケニア、ルワンダ、エチオピアなどアフリカ産、さらには、インドのスペシャルティコーヒーなど後発の産地の豆も積極的に導入。なかには、COE（カップ・オブ・エクセレンス）上位入賞豆、イブラヒム・モカなど希少な豆もあり、お客は多種多様なスペシャルティコーヒーを楽しむことができる。焙煎度合いも幅広く、かつブレンドは100g 500円アンダーの商品も用意するなど、さまざまなニーズに応えるスタイルを一貫。そういった姿勢もまた、森山さんがコーヒーの裾野を広げた一人と評価される理由だ。

SHOP DATA
- ■住所／福岡県北九州市小倉北区宇佐町1-3-35
- ■TEL／080(2793)6842
- ■営業時間／12時〜19時(L.O.)
- ■定休日／日曜・年末年始・お盆。祝日は不定休
- ■坪数・席数／9坪・5席
- ■客単価／カフェ600円、豆売り2000円
- ■URL／http://coffeemoriyama.com

METHOD – **1** ／ 焙煎屋 **森山珈琲** 中津口店

Paper drip

コーヒー成分を余さず 抽出するためのアレンジドリップ

【 味わい 】

	1	2	3	4	5
甘み				●	
酸味			●		
苦味	●				
コク			●		
香り				●	

ペーパードリップに
よるドリップ
コーヒー（HOT）
600円

豆が持つフルーティー
な酸味、スパイシーな
香りがひと口目から広
がる。ペーパーフィル
ターを用いることで透
明感が引き立ち、口当
たりはなめらか。

【 豆 】

インド
スペシャルティ規格では珍しいイン
ド原産の生豆。スパイシーな香り
と、まろやかな酸味が特徴。クリー
ンカップに優れており、ひと口目か
ら余韻まで全体を通して透明感が
ある。焙煎度合いはやや深めの中
煎り。100ｇ 850円。

【 器 具 】

・ドリッパー：
　「ORIGAMIドリッパー」
　（ケーアイ）
・ペーパーフィルター：
　「ウェーブフィルター」（カリタ）
・ケトル：
　「ユキワ コーヒーポットM5」
　（三宝産業）
・サーバー：「SCSコーヒーカラフ」
　（KINTO）
・ブラインドタンブラー
　（WEBER WORKSHOP）
・スケール：
　「コーヒースケール・パール」
　（acaia）

　インド原産のスペシャルティコーヒーの特
徴である複雑味の要素を雑味なく、どれだけ
多く抽出できるかに重点を置いたドリップ法。
ORIGAMIドリッパー専用の円すい形ペー
パーフィルターではなく、波打った形状のカリ
タのウェーブフィルターを使う理由は、フィル
ターの表面積を大きくし、コーヒー粉による目
詰まりをできるだけ抑えるため。つまり、一般
的なペーパードリップ時よりも豆の挽き目を細
かくでき、しっかりと豆の成分を抽出できると
いう。さらに、抽出効率を上げるために、こ
の抽出方法では3湯目の途中で一度、フィル
ター内の粉を木べらで撹拌する工程を加える。
「コーヒー粉に湯が透過しやすく、比較的スムー
ズにコーヒーが抽出される円すい形フィルター
を使った時と比べると、インドコーヒー特有の
スパイシーさが増し、奥行きのある味わいを
表現できます」（森山さん）

　一方で、コーヒー粉の挽き目が通常よりも細
かいため、湯温を高くしすぎると、雑味が出や
すい。90℃前後で調整するのがおすすめだ。

【 抽出メソッド 】

【1杯分（抽出量：170ml）】
豆量：15g
湯量：210ml
湯温：93℃

工程	累計時間	注湯量
1湯目	0秒〜10秒	15ml
蒸らし	（30秒間）	
2湯目	40秒〜50秒	40ml
3湯目＋攪拌	1分10秒〜1分50秒	155ml
出来上がり	2分	（抽出量）170ml

【 プロセス 】

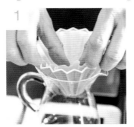

1
ORIGAMIドリッパーにカリタウェーブフィルターをセットする。

2
グラインダーを調整し、通常のペーパードリップ抽出時よりも細かく豆を挽く。フィルター内における粉の粒度の大小の均一化を図るために、ブラインドタンブラーを採用している。

3
1湯目は蒸らし。湯の温度は93℃で、蒸らし時間はおよそ30秒。

4
2湯目は粉の中央付近から、徐々に円を描くように外側へも注湯。湯の線は細め。全体に湯が浸透したら一旦ストップする。

5
コーヒーが落ちきる前に3湯目を注ぐ。ポイントは中央。粉が対流するように2湯目よりもやや太めに注ぐ。210mlを注ぎきる。

6
湯がフィルター内にたまってきたら、木べらで粉を攪拌する。

7
抽出量は170ml。抽出時間は2分強が目安。抽出に要する時間が短いと奥行きのある味わいを表現できず、長いと過抽出となり、クリーンカップが損なわれる。

METHOD - **2** ／ 焙煎屋 **森山珈琲** 中津口店

Nel drip

ネルドリップで引き立つ
深煎りコーヒーの魅力

【 味わい 】

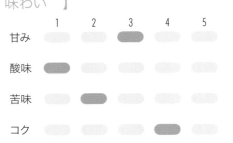

	1	2	3	4	5
甘み			●		
酸味	●				
苦味		●			
コク				●	
香り					●

デミタス ネルドリップ
900円

店一番の深煎りの豆だが、際立っているのは甘み。ネルで抽出しているため、豆の油分がほどよく残っており、口の中に長く上品な香りが残る。

【 豆 】

イブラヒム・モカ
イエメン西部の山岳地帯、バニー・イスマイル地区で生産される小粒なモカ種で、世界のコーヒーの原種となった豆。日本では「イブラヒムモカの会」のメンバーが共同で輸入するだけで、手に入れられる量もごくわずか。同店では深煎りに。100g 1100円。

【 器 具 】

・ネルフィルター
・ケトル：「ユキワ コーヒーポットM5」（三宝産業）
・サーバー：「グラスポット」（KINTO）
・ブラインドタンブラー（WEBER WORKSHOP）
・スケール：コーヒースケール・パール（acaia）

　コーヒー豆が持つ甘み、芳醇な香り、重厚感を堪能するなら、ネルドリップが最適と森山さん。その理由は、ネルはペーパーと比べると目が粗く、油分の吸収が少ないから。今回使用したイブラヒム・モカのようにどっしり、ボディ感が強い豆ととくに相性がよく、ほどよく油分が液体に混ざった、なめらかな口当たりを表現できる。さらに、豆の量に対して抽出量が少ないデミタスにすれば、ネルドリップの特長は昇華。「ペーパーでデミタスをいれることもできますが、ネルと比べるとどうしてもリッチなボディ感が損なわれてしまいます」と森山さん。

　さらに、ネルドリップはいれ方次第で豆本来の魅力を最大限引き出せる汎用性を兼ね備えているという。浅～中煎りの豆でも、豆の量を増減させたり、湯温、注ぐ湯量の調整で、その豆の個性を活かしたいれ方ができると説明。ただし、フィルターの目が粗い分、旨味や甘みと一緒に雑味も出やすい。浅～中煎りの場合、ペーパードリップ時よりも豆の量を増やし、かつ豆の挽き目をやや粗くすると失敗が少ない。

【 抽出メソッド 】

【1杯強分（抽出量：60ml）】
豆量：24g
湯量：115ml
湯温：87℃

工程	累計時間	注湯量
1湯目	0秒～30秒	30ml（粉全体が湿るくらい）
蒸らし	（20秒間）	
2湯目	50秒～1分10秒	50ml
3湯目	1分20秒～2分	35ml
出来上がり	2分	（抽出量）60ml

【 プロセス 】

豆は中粗挽き。粉の粒度均一化のためブラインドタンブラーを使う。デミタスカップ1杯分（60ml）に対し豆24gと贅沢に使用。

1湯目は点滴程度の微量の湯を注ぎ、蒸らす。湯温は87℃で、蒸らし時間は厳密には設定せず、粉の膨らみを見ながら2湯目のタイミングを図る。

2湯目以降も細めの線で注湯する。水蒸気がコーヒー粉全体に回るように、やや円を描くように注ぐ。

3湯目。ネル内のコーヒーが落ちきる前に、ほぼ同量の湯を注いでいく。ネルを風船のように膨らませるイメージで。

3湯目の延長。注湯を進めるほどに、ポットの注ぎ口とネルの距離を近くしていく。これは、ネル内の粉に均一な圧力をかけるため。

最後は粉の膨らみに注ぎ口がつくかつかないかの近さで、注ぐ湯量も極めて少量。また、湯を落とす場所も、中盤から最後にかけては中心を狙う。

抽出量は60ml。抽出時間はペーパードリップの時と同様、2分強が目安。

[福岡・福岡]

レックコーヒー

REC COFFEE

Espresso　Espresso　Metal drip

導入しているエスプレッソマシンは店舗ごとに異なる。「いろいろなメーカーのマシンを使えた方が、バリスタとしては有利だから」と岩瀬さん。

ドリップコーヒーに使うカップはバリスタの声から生まれた磁器シリーズ 「ORIGAMI」とコレスがコラボしたキキマグを採用。

オーナーバリスタの岩瀬由和さん。大会の審査員やセミナー講師など多岐にわたり活躍。2021年、初の海外出店も果たしたのをはじめ、自社のECサイトも売り上げを伸ばしているところだ。

左がコレス「ゴールドフィルター」、右がペーパードリップで抽出したコーヒー。豆、湯量、湯温など同じ条件で抽出しても、「ゴールドフィルター」の方が濁りが強く、コーヒーオイルをしっかりカップに落とせていることが分かる。

コーヒーの好みや楽しみ方は人それぞれ。
多様性を理解した上、技術で応える

2014年から2年連続でジャパンバリスタチャンピオンシップ優勝、2016年にはワールドバリスタチャンピオンシップ準優勝など、輝かしい経歴を誇る岩瀬由和さんと、同じくバリスタの北添修さんがオーナーを務める『REC COFFEE』。2008年に移動販売からスタートし、2021年11月現在、福岡に6店舗、東京に1店舗、台湾に2店舗を展開するまでに成長。開業時からスペシャルティコーヒーにこだわり、ナショナルチェーンや喫茶店とは違うベクトルでコーヒーの魅力を発信し続けてきた。

2018年には自家焙煎にも着手。それまでは浅〜中煎りの豆をメインにしていたが、より幅広いニーズに応えるべく、深煎りの「キッサブレンド」を通年商品としてリリースするなど、常にニーズに寄り添い進化をしているのも多くのファンを獲得している理由だ。「抽出方法もペーパードリップを導入するなど、一昔前の考え方とは違います。以前はスペシャルティコーヒーは豆が持つ味わいを余すことなく抽出できるフレンチプレスが適していると考えていましたが、ペーパーフィルターの良さもあることを私たち自身学びました。いれ方はそれぞれあっていい。実際ご自宅ではペーパーフィルターでドリップされているお客様が多いですし、コーヒーメーカーを使われている方もいらっしゃいます」と岩瀬さん。現在、店舗でのドリップはペーパーがメインで、要望があればゴールドフィルターでの抽出にも対応している。

そして同店の顔ともいえる抽出がエスプレッソマシン。中煎りの「博多ブレンド」を基本とし、＋90円〜でシングルオリジン、ほかブレンドのエスプレッソ注文も可。それが意味するのは、基本の豆以外のオーダーにはその都度バリスタが、豆の使用量、挽き目、タンピング圧、抽出量などを変更して対応しているということ。そういった意味でもコアなコーヒーファンをもしっかり満足させることができるのは『REC COFFEE』の強みだ。

SHOP DATA
- ■住所／福岡県福岡市中央区渡辺通5-1-19 Hotel the Park1F
- ■TEL／092(406)5214
- ■営業時間／10時〜22時、金土・祝前日10時〜23時
- ■定休日／無休
- ■坪数・席数／20坪・35席
- ■客単価／850円
- ■URL／https://rec-coffee.com/

METHOD - **1** / **REC COFFEE**

Espresso

抽出比率50%を目標に
豆量、タンピング圧などを調整

【 味わい 】

	1	2	3	4	5
甘み			●		
酸味			●		
苦味			●		
コク			●		
香り				●	

エスプレッソ
シングルショット
博多ブレンド　360円

ほのかなビター感のあとに、フルーティーさが際立つ。やや深めの中煎りで、ボディは比較的しっかり。ミルクとの相性が良い。

【 豆 】

博多ブレンド
REC COFFEEの定番ブレンドで、ブラジル、エルサルバドルを使用。柑橘を思わせる優しい酸味、キャラメルやチョコレート感のある甘みが特徴。焙煎度合いは中煎り。100g850円。

【 器具 】

・エスプレッソマシン：
「BLACK EAGLE」
（ヴィクトリア アルドゥイーノ）

・グラインダー：「MYTHOS One」
（ヴィクトリア アルドゥイーノ）

・スケール：「スマート スケール2」
（ブリューイスタ）

・レベリングツール（OCD）

・タンパー（Barista Hustle
The Tamper）

　エスプレッソを抽出する際にポイントとなるのは抽出比率。同店では、例えばコーヒー粉20gを使用した場合、40ml抽出するというように、抽出比率50%前後をストライクゾーンに設定。

　バスケット内に均一にコーヒー粉が入っていることが抽出効率を大きく左右するため、レベリングも重要だ。さらにタンピングの圧力が強ければ、湯がバスケット内を通過するのに時間がかかるため、未抽出の状態に。逆に圧力が弱すぎると湯の通過が早いため、過抽出に陥りやすくなる。ただ、これはマシンの性能や粉の挽き目により差異があるので、まずは抽出を繰り返すことが上達への近道。

　岩瀬さんは「バリスタとしての能力の優劣は豆が持っているポテンシャルをそのまま引き出す技術があるか否かです。どれだけ熟練になっても、素材以上の味わいを生み出すことはできません。コーヒー粉すべてから味わいを抽出できるか。この点を常に考えておくことが大切です」と話す。

【　抽出メソッド　】

☕ 【ダブル（抽出量：40ml）】
☕ 豆量：19.5g
　　気圧：9気圧
　　湯温：93℃

工程	抽出工程の見極め
グラインド	ダブルショットでコーヒー粉20g程度を目安に
レベリング	手でならすだけでも大丈夫だが、レベリングツールがあるとより良い
タンピング	圧力は14kg～20kgを目安に
抽出	40mlの抽出量に対して、抽出時間は20秒程度が目安になる

【　プ ロ セ ス　】

1 コーヒー粉は19.5g。同店の基本の抽出比率はおよそ50%なので、抽出量は40mlが目標。

2 バスケット内のコーヒー粉を均一にするレベリング工程ではOCDを使用。真上からのせて、5回程度回すだけ。安定した抽出に、あると便利なアイテムだ。

3 タンピングの強さは14kg～20kgがセオリー。慣れるまでバスケットの下に体重計を置くなどして練習すると良い。

4 抽出開始。セミオートのマシンなので、スタートとストップのみ操作。

5 40ml程度抽出したところでストップ。タンピング圧力14kg程度で、19秒で抽出完了。ちなみにタンピング圧力を20kgにした場合、40ml抽出までに23秒かかった。

6 抽出したエスプレッソ。クレマが液体の表面に均一に浮かんでいる状態がおいしいエスプレッソの絶対条件。

METHOD - **2** / **REC COFFEE**

Espresso

通常のオペレーションとは
異なる場合でも安定した抽出を

【 味わい 】

	1	2	3	4	5
甘み				●	
酸味				●	
苦味		●			
コク			●		
香り					●

エスプレッソ
シングルショット
エチオピア グジ
シャキソ　450円

通常のエスプレッソに
使うブレンドに比べて、
個性的なフレーバーが
際立つ。ひと口目から
華やかさが広がり、甘
みもしっかり。

【 豆 】

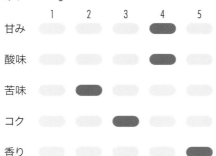

エチオピア グジ シャキソ
生豆とナチュラルプロセス由来
のピーチ、 チェリーのような
ジューシーな味わいが特徴のシン
グルオリジン。重厚感のあるハ
チミツを思わせる甘さが特徴だ。
100g1250円。

【 器具 】

・エスプレッソマシン：
「BLACK EAGLE」
（ヴィクトリア アルドゥイーノ）
・グラインダー：「EK43」
（マールクーニック）
・スケール：「スマート スケール2」
（ブリューイスタ）
・ブラインドシェイカー
（ウェーバーワークショップ）
・レベリングツール（OCD）
・タンパー（Barista Hustle
The Tamper）

　「レギュラーのオペレーションとは異なる方
法であっても、安定したエスプレッソを抽出で
きることはバリスタとして必要な技術」と岩瀬
さん。

　同店では、通常のエスプレッソに使用する豆
は博多ブレンドで固定しているが、＋90円～
でシングルオリジンやほかのブレンドでのエス
プレッソの提供も可能だ。この場合、コーヒー
豆を計量し、エスプレッソ専用ではないグライン
ダーで豆を挽くなど、普段とは異なるいれ方
となる。オペレーションに則ったやり方に頼る
のではなく、豆の種類や焙煎度が変わった場
合でも、抽出効率50％のストライクゾーンを
基本に、その豆が持つポテンシャルを最大限
引き出すための知識、経験が必要になる。

　「一番大切なのはその豆の個性を理解できて
いるかという点です。さらに、グラインダーが
変わると、味わいの出方も変化します。そう
いった各機器の特徴、さらにはブラインドシェ
イカーのようなツールを活用することでより安
定した味わいを引き出すことができます」

【 抽出メソッド 】

☕ 【ダブル（抽出量：40ml）】
☕ 豆量：21.5g
気圧：9気圧
湯温：93℃

工程	抽出工程の見極め
グラインド	ダブルショットでコーヒー粉20g程度を目安に
レベリング	ブラインドシェイカーを活用すると、バスケット内のコーヒー粉が均一に
タンピング	圧力は14kg〜20kgを目安に
抽出	40mlの抽出量に対して、抽出時間は20秒程度が目安になる

【 プロセス 】

1 シングルオリジンの場合、エスプレッソ専用グラインダーではないので豆から計量。

2 イレギュラーのエスプレッソオーダー時には、グラインダー「EK43」を使用。岩瀬さんは「非常に抽出効率に優れたグラインダー」と話す。

3 バスケット内にコーヒー粉を入れる際に使用するブラインドシェイカー。このツールにより、均一にバスケット内に粉が落ち、抽出効率がさらに高まる。

4 OCDを用いてレベリングすることで、バスケット内のコーヒー粉の均一度はさらに高まる。

5 「EK43」で挽いた豆は抽出効率に優れているので、16kg程度の圧でタンピング。抽出時間を微量伸ばし、よりコーヒー粉から味わいを引き出すのが狙いだ。

6 エスプレッソを抽出。取材時の抽出時間は20秒だった。

METHOD - 3 / REC COFFEE

Metal drip

コーヒーオイルまで抽出できる
金属フィルターをバリスタの技で昇華

【 味わい 】

	1	2	3	4	5
甘み				■	
酸味				■	
苦味		■			
コク		■			
香り				■	

ケニア キニャリ
560円

ゴールドフィルターで抽出したコーヒーは味わいに奥行きがあり、余韻も豊か。コーヒーオイル由来のスムースな口当たりも特徴だ。

【 豆 】

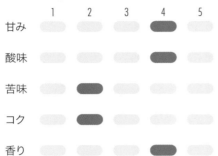

ケニア キニャリ
マンダリンオレンジ、ブラックベリーを思わせるフレーバーを持つ。明るい酸が特徴で、余韻に黒糖のような甘味も広がる。生産処理はウォッシュド。焙煎度合いは中煎り。100g1250円。

【 器具 】

・金属フィルター：
「ゴールドフィルター」（コレス）
・サーバー：「コーヒーサーバー」
（ブリューイスタ）
・ケトル：
「アルティザン グースネック
バリアブル ケトル」
（ブリューイスタ）
・スケール：「スマート スケール2」
（ブリューイスタ）

コーヒーオイルを逃さずカップに落とすことができるのがゴールドフィルター（金属フィルター）の最大のメリット。抽出方法はペーパードリップとほぼ同じだが、フィルターの構造上、両サイドにプラスチック部分があり、コーヒー粉がドリッパー底部に堆積しやすい。そのため、ペーパードリップ時よりもコーヒー粉をやや粗めに挽いて、湯の抜けが良くなるようにするのがポイント。

岩瀬さんは「コーヒーオイルを吸収させずに、そのままカップに落とせるという点ではフレンチプレスと同じですが、ゴールドフィルターの場合、湯の注ぎ方や抽出時間など、いれ方によって味わいをコントロールできます」と話す。つまり、バリスタの技術がものを言うということ。

若干ではあるが、ペーパードリップよりも湯温による味わいの変化が顕著に出やすい。岩瀬さんの場合、浅〜中煎りは92〜93℃、深煎りは雑味を出さないために89〜90℃程度を目安にしているそうだ。

【 抽出メソッド 】

☕ 【1杯分（抽出量：250ml）】
豆量：18g
湯量：280ml
湯温：92℃

工程	累計時間	注湯量
1湯目	0秒〜10秒	20ml（粉全体が湿るくらい）
蒸らし	（10秒間）	
2湯目以降	20秒〜2分	260ml
出来上がり	2分	（抽出量）250ml

【 プロセス 】

1 ペーパードリップとほぼ同じ挽き目と考えて良いが、できるだけ湯の抜けを良くするため、少しだけ粗めに挽く。

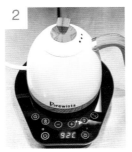

2 低温だと甘みを引き出しやすいが、酸味が表現しにくい。一方で高温だとフレーバーは引き立つが、甘みは損なわれる。中煎りのケニア キニャリは92℃で抽出。

3 蒸らしはペーパードリップと同様、ガスを抜く程度の短時間でOK。粉が膨らんだあと、重力で自然と落ち始めたら2湯目へ。

4 終始細い線で均一に注湯する。豆18g（1杯分）に対し、注湯は280ml、抽出量は250mlが目標値。メッシュホールが縦長なので目詰まりはほぼない。

5 抽出終了時はフィルターに沿ってコーヒー粉の土手ができるのはペーパードリップと同じ。注湯始めから終わりまで、細めの線で均一に湯を注げているかの指標となる。

6 ゴールドフィルターはコーヒー粉の微粉をろ過できない。サーバー底部に溜まった微粉ができるだけ入らないよう、カップに注ぐ。

Paper drip

[東京・神保町]

グリッチコーヒー＆ロースターズ

GLITCH COFFEE&ROASTERS

スペシャルティコーヒーの浅煎り豆に特化し、常時20種類を豆売りし、10種類をカップで提供する。

コーヒー豆の原産国や焙煎度、加工方法などを記したテイスティング用のカードを用意し、コーヒーを提供する際に添える。集めている常連客も多い。

鈴木清和さん。「ポール・バセット」で約10年間働いた後、独立1号店目となる当店を2015年4月にオープン。2016年1月には西新宿に『COUNTERPART COFFEE GALLERY』を、2018年5月には赤坂に『GLITCH COFFEE BREWED@9h』をオープンした。

同店では2種類のドリッパーを使用。どちらもストレートリブで、豆詰まりが少なく、浅煎りコーヒーに向く。

「日本独自のコーヒー文化を世界へ発信する」という想いを込め、喫茶店文化が根付く神保町に出店した。

ドリップからサイフォンまで。
豆に応じた抽出で、味を的確に引き出す

　世界の上質な豆を扱うロースター・株式会社イトウ珈琲商会（本社：愛知県名古屋市）の直営カフェ。全3店舗の中でも、ここ豊田丸山店は、平日は主婦やオフィスワーカー、休日にはファミリーや若者層まで幅広い客層を持つ。

　コーヒーメニューは、直火式ロースターによるコク深いブレンドが4種類、熱風式ロースターによる浅煎り〜中深煎りのストレートコーヒーが7種類。これに、エスプレッソマシンを使ったアレンジコーヒーや季節ブレンドなどが加わる。

　コーヒーを提供する上で大切にしているのが、豆の持ち味を最大限に引き出す抽出スタイルだ。看板メニューの「遇暖ブレンド」は、午前中はネルドリップ、午後は一杯ずつペーパードリップと、2種類の抽出法を使い分ける。ネルドリップでは、豆の油分も抽出されるため、とろりとした口当たりや、苦味の中にも甘みを感じられるのが特徴だ。一方のペーパードリップでは、ペーパーフィルターに豆の油分が吸い取られ、サラリとした口当たりになる。その分、酸味などがより強く感じられ、味わいに立体的な広がりが生まれるという。ブレンド全般の抽出にはこのペーパードリップを採用しており、抽出口の大きな「ハリオV60」ドリッパーを用い、蒸らし時間や注ぎ方などによって仕上がりをコントロールする。

　ストレートコーヒーの抽出は、豆の個性がくっきりと際立つサイフォン式だ。粉に湯を通して抽出するドリップの透過式に対し、サイフォンでは粉が完全に浸る浸漬式のため、豆は雑味の出ない高品質なスペシャルティーコーヒーが基本。いれたては高温のため香りが強く、冷めてくると酸味が強くなるなど、温度帯による変化も魅力だ。

　また、豊田丸山店では、家庭向けの豆売りを強化するため、店頭でのオンデマンド焙煎をいち早く導入。焙煎したての豆をカフェでも提供できるのが強みだ。最近では、全店共通のアプリも開発し、季節メニューや新商品のPRなどに力を入れている。

SHOP DATA
- ■住所／愛知県豊田市丸山町3-42-1
- ■TEL／0565（63）5245
- ■営業時間／8時〜17時
- ■定休日／水曜
- ■坪数・席数／55坪・49席
- ■客単価／800円
- ■URL／https://ito-coffee.com

METHOD - **1** ／**遇暖** 豊田丸山店

Nel drip

苦味の中に甘みが際立つ。
ブレンドの香味をまろやかに表現

【 味わい 】

	1	2	3	4	5
甘み				●	
酸味		●			
苦味				●	
コク				●	
香り			●		

遇暖ブレンド
462円（お茶請け付き）

豊かな香味は、砂糖を加えるとチョコレートのようなコクが増し、まったりと厚みのあるボディはミルクとの相性もよい。午前はネルドリップ、午後はペーパードリップでいれた味わいが楽しめる。

【 豆 】

遇暖ブレンド
直火式ロースターによる深煎りブレンド。インドネシア・マンデリンをベースに、特有の甘みを持つロブスタ種のインドネシア豆を配合した。それぞれの豆に最適な焙煎を施した後、ブレンドするアフターミックス製法を行っている。100g 497円。

【 器具 】

・ネルフィルター
・ケトル：ステンレス製 細口ポット
　（カリタ）
・サーバー：ホーローポット
　（野田琺瑯）
・ヘラ
・ステンレス製 手鍋

　同店の深煎りブレンド「遇暖ブレンド」は、直火式焙煎による香ばしさと、アフターミックス製法が生む、深いコクと重層的な香味が特徴。そのおいしさを濃厚に引き出せるのが、ネルドリップ抽出だ。

　ネルフィルターを通すことで苦味の角がとれつつ、油分を含むことで甘みもしっかりと感じられる。まろやかで豊かな香味が特徴だ。「この味を求めて通うリピーターの方も多く、看板ブレンドにふさわしい一杯です」と吉田さん。

　オーダーの集中する午前中はまとめて抽出し、一杯分ずつ温め直して提供を行う。豆の量が多くなるほど、コーヒー成分がきっちり抽出できるため、味わいは重厚になる。エスプレッソ感覚で砂糖を加えるほか、ミルクと合わせるのもおすすめだ。また、温め直すことで、いれたてに比べて香りはやや落ちる反面、味が落ち着いて深みが増すという。午後は、同じ豆をペーパードリップで一杯ずつ抽出している。ネルに比べてサラリとした口当たりで、心地よい酸味を含んだ立体的な味わいが広がる。

【 抽出メソッド 】

【9杯分（抽出量：1350ml）】
豆量：90g
湯量：1500ml
湯温：90℃

工程	工程の見極め	注湯量
1湯目	粉全体を湿らせる	100〜120ml
蒸らし	（約1分間）	
2湯目	粉の泡がフィルター上部へ上がったら注湯ストップ	
3湯目	粉の中央がへこんできたら再び注湯	（総湯量）1500ml
出来上がり	フィルターの泡が完全に沈み切る前に注湯を止め、フィルターを外す	（抽出量）1350ml

【 プロセス 】

1 豆は中挽きにする。9杯分の豆を使うため、これ以上挽き目が細かいと抽出に時間がかかり、雑味が出やすくなる。

2 水に浸して保管しておいたネルフィルターを温め、サーバーポットの口に直接かける。

3 フィルターに粉を入れ、表面を平らにならす。90℃の湯を用意し、中心の一点に湯を注ぎ始める。はじめに豆のガスを抜き、抽出液の通り道を作るイメージ。

4 次に、左手でサーバーを傾けながら、中心から円を描くように細く注ぐ。フィルターはサーバーの口にフィットさせているため、傾けても安定して注げる。

5 粉全体が湿ったら、約1分蒸らす。ここまでの注湯量は100〜120ml。

6 1湯目と同様、中心に注いだ後、円を描くように周囲に注ぐ。

7 粉の泡がフィルター上部まで上がったら、注湯をストップして再び蒸らす。

8 粉の中央がへこんできたら、3湯目を同様に注ぎ、フィルター内の泡が完全に沈みきらないタイミングでフィルターを外す。

9 抽出液が均一になるよう、ヘラでかき混ぜる。

10 1杯分（150ml）を手鍋に移し、液面に波が立つ程度に温め直し、温めたカップに注いで提供する。

METHOD - **2** ／ **遇暖** 豊田丸山店

Siphon drip

高温で一気に抽出することで、豆の個性を明確に引き出す

【 味わい 】

	1	2	3	4	5
甘み				●	
酸味					●
苦味	●				
コク		●			
香り					●

エチオピア モカ
605円（2杯分）

華やかな香りの下に、熟したオレンジのような甘酸っぱさと、紅茶のようなほろ苦さが広がる。温度が低くなると、酸味がより強く感じられる。

【 豆 】

エチオピア モカ イルガチェフェG2
（ウォッシュト）
熱風式ロースターによる浅煎り豆。フローラル、ピーチ、マスカットのような香りに、紅茶のようなフレーバー、ワインのようなマウスフィール、明るい酸と長い余韻を持つ。100g 724円。

【 器具 】

・サイフォン：「テクニカ」（ハリオ）
・ヒーター：
「ビームヒーター」（ハリオ）
・ヘラ

　サイフォン式は、豆を湯に浸す、高温・短時間による抽出法だ。豆の良し悪しがダイレクトに出るため、使用するのは原則高品質なスペシャルティコーヒーのストレート（単一農園）豆。濃厚なコク、甘い後味、良質な苦味を持つ「タンザニア リマKIBOキリマンジャロ」、ナッツやチョコ、カラメル香も感じる「ブラジルショコラ」、希少なピーベリーの「コロンビア ナリーニョ カラコール」など7種類を揃え、クリアな口当たりの中に、豆の個性を際立たせる。

　今回使用した「エチオピア モカ」の場合、いれたてはモカ特有の華やかな香りがよく立ち、徐々に冷めると強くなるのが、豆本来の明るい酸味。抽出液は200mlあるため、1杯目、2杯目と味わいの変化も楽しんでもらう趣向だ。

　「サイフォン抽出では前半に酸味、後半は苦味が多く出る傾向があります。浅煎りの酸味を強調したい場合や、中深煎りを軽めに出したい場合などは、味が薄まらないよう通常より豆の量を増やし、抽出を短めにすることで調整できます」（吉田さん）。

【　抽出メソッド　】

☕ 【2杯分（抽出量：200ml）】
☕ 豆量：23ｇ
　　湯量：230ml
　　湯温：ボール内で沸騰した状態

工程	工程の見極め	注湯量
湯が沸騰したら、粉を入れた上ボールを下ボールにセット		230ml
撹拌 ※湯が上がりきってから	数回（粉と湯をなじませる）	
蒸らし	（1分間）	
撹拌 ※ヒーターの電源を切ってから	数回（渦を作るようにやさしく）	
出来上がり		（抽出量）200ml

【　プロセス　】

1
サイフォンの下ボールに分量の湯を入れ、ビームヒーターの電源を入れて温める。

2
上ボールにろか器をセットし、中細挽きにしたコーヒー粉を入れる。

3
上ボールを下ボールに斜めに差し込む。

4
ボール内のチェーンからポコポコと泡が出てきたら、上ボールを真っすぐ下に差し込む。

5
下ボールの湯が上がり切ったら、ヘラで数回撹拌し、粉を湯になじませながらガスを抜く。

6
混ぜ終わった状態で、下から湯、粉、ガスの3層に分かれると、撹拌がうまくいった目安。ビームヒーターの出力を少し落とし、1分蒸らす。

7
ビームヒーターの電源を切り、今度は抽出液がスムーズに落ちるよう、渦を作るようにやさしく数回撹拌する。

8
抽出後、粉がドーム型になっていれば抽出が成功した目安。

8
上ボールをはずして、専用の小ぶりなカップに注ぐ。抽出液が高温のため、カップは温めない。

［奈良・奈良］

絵本とコーヒーのパビリオン

オーナーで焙煎士の大西正人さん。東京での会社勤めを経て出身地・奈良に戻り、ギャラリーカフェで店舗責任者を務める。戦前から残る小さな家を自ら3年半がかりで施工し、2009年11月、ネット古書店を営む奥様・千春さんとともに実店舗を開業した。

いれたてのブレンドコーヒー。「焙煎度による味の違いを楽しんでいただけたら」と中煎り〜深煎りを用意する。

全てフレームドリッパーの試作品。鉄を使って何度も試作したという。

提供するのはブレンドコーヒーのみ。古代の中国や日本で四方や四季を表現した4色の中から、各焙煎度の味わいをイメージさせる3色（青、赤、黒）をブレンドの名にとった。写真のカップはイギリスのアンティーク。

フレームドリッパーとペーパーフィルターで、ネルでいれたような深い味わいを引き出す

　奈良市中心部にほど近い路地裏にある絵本と自家焙煎コーヒーの店。大西正人さんがコーヒーとフードを、奥様・千春さんがサービスと書店業務を担当している。国内外の絵本を中心に文芸や詩集などが書棚に並び、木のぬくもりや落ち着きを感じる店内では、コーヒーとともに、パンから手作りするサンドイッチやカレー、ケーキを味わいながらゆっくりと過ごす人が多い。店主夫妻の穏やかな人柄も魅力で、近隣の常連客をはじめ観光で訪れる人たちに親しまれている。

　ネルドリップでいれたコーヒーが好きという大西夫妻だが、開業に際し、作業性や間口の広い店づくりを考えてペーパードリップを採用することに。そこで、ペーパードリップでもネルでいれたようなコクや深い味わいが出せないかと試行錯誤し、行き着いた形がフレームドリッパーだ。「ネルドリップがいいのは球体のように丸くふくらんだ状態で、粉に湯を浸透させて抽出できる点。周囲がさえぎられないのでガスの抜けもいい。構造上、ネルと同じ機能をもたせたのがフレームドリッパーです」（大西さん）。このフレームドリッパーはステンレスの針金を用いて大西さん自ら製作したもの。10年以上使い続けている仕事道具であり、深い愛着がある。

　コーヒー豆は1kg釜で少量ずつ焙煎しており、作るのはブレンド5種類。うち3種類は中煎りの「青」、中深煎りの「赤」、深煎りの「黒」という定番のホットコーヒー用で、その他にカフェオレ用とアイスコーヒー用がある。カフェオレ用は焙煎度は「赤」、アイスコーヒー用は「黒」に近く、それぞれ抽出によって「黒」より濃くいれる。

　開業当初からあるブレンド「赤」を中心に、近年は浅煎りタイプのコーヒーが定着してきたこともあり「青」のオーダーも増えてきた。「いつ来店しても同じ味わいが楽しめる"店の顔"としてブレンドを大切にしている」と大西さんは言う。

SHOP DATA
■住所／奈良県奈良市今辻子町32-5
■TEL／0742(26)5199
■営業時間／12時〜18時(L.O.17時30分)
■定休日／月曜〜水曜(祝日は営業)
■坪数・席数／12坪・15席
■客単価／1000円
■URL／http://pavilion-b.com

METHOD - 1 ／ **絵本とコーヒーのパビリオン**

Paper drip

低めの温度帯で4〜5分かけて淹れる
ネルドリップさながらの抽出法

【 味わい 】

	1	2	3	4	5
甘み				●	
酸味	●				
苦味				●	
コク				●	
香り			●		

ブレンド「赤」
470円

開店当初からあり、中核に位置づける中深煎りのコーヒー。甘みや苦味、コクなど奥行きのある味を作り出している。

【 豆 】

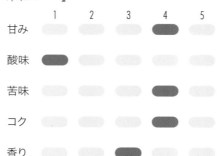

ブレンド「赤」
コロンビアとマンデリンを使った中深煎りのブレンド。中煎りの「青」はモカ、深煎りの「黒」はタンザニアがそれぞれベースとなっている。産地・銘柄ごとに異なる特徴をもつことなどからアフターミックスでブレンドする。

【 器具 】

・ドリッパー
（自作のフレームドリッパー）
・ペーパーフィルター（カリタ製など）
・サーバー：「300サーバーN」
（カリタ）
・ケトル：
「コーヒードリップポット雫」
（タカヒロ）

現在使用中のフレームドリッパー。ステンレス製で、丁寧に手入れをし10年以上愛用している。

　右ページの抽出法は、使用する豆の量が同じブレンド「青」にも共通する方法だ。

　特徴的なのはコーヒー1杯分で約4分間、2杯分で4〜5分間という長めの抽出時間。雑味が出ないよう、やや低めの84〜88℃の温度帯でじっくりと時間をかけて抽出する。

　どのコーヒーをいれる際も、生豆のロットや季節によって豆の状態は一定ではないため、いれた時の粉のふくらみ具合や吸水具合を見て、湯のさし方を変えたり、季節によって湯温を変えたりと微調整をする。そのため注湯回数も一定ではないが、平均して10回以上は注湯するという。

　ドリップ中は粉の側面を上げないようにする（粉が湯に完全に浸った状態にしない）ことと、ドリッパー内が全体的に丸くふくらみをもったような状態を意識している。

　4分かけて抽出したコーヒーは80℃を切っても飲みやすくまろやかな味わいに。軽く撹拌してから温めたカップに注ぎ入れ、提供している。

【 抽出メソッド 】

☕ **【1杯分（抽出量：200ml）】**
豆量：16g
湯量：約200ml
湯温：夏期約84℃、冬期約88℃

工程	累計時間	注湯量
1湯目		必要最小限の量
蒸らし	（30～40秒間）	
2湯目～		10湯以上 （平均的な回数）
出来上がり	約4分	（抽出量）200ml

【 プロセス 】

1

中粗挽きにしたコーヒー豆（コーヒー1杯分16g、2杯分28g）を容器に入れ、容器を軽く叩いて豆の微粉を飛ばす。サーバーは湯で温めておく。

2

粉全体に湯が行き渡るよう注いだ後、30～40秒蒸らす。フレームの特性上、フチの周りに湯をかけるとこぼれることがあるので、その部分には湯をかけない。

3

粉のふくらみ具合と沈み具合を見ながら、中心部分（500円玉大の範囲）に細い湯を注いで、止めて、また注いで、止めて…という動作を繰り返す。いれ終わる頃には自然とフチまで湯が浸透している。

4

抽出の最終段階では注湯の回数と量も増やす。抽出量（コーヒー1杯分200ml、2杯分380ml）に達したらドリッパーを引き上げる。抽出時間はコーヒー1杯分で約4分、2杯分で4～5分。

[東京・渋谷]

私立珈琲小学校 代官山校舎

METHOD-1　METHOD-2

Paper drip　Metal drip

ORIGAMIドリッパーでいれたグァテマラコーヒー。
カカオ感が強く、しっかりしたコクと甘み、リッチな
ボディが楽しめる。性能のよいグラインダーを使うこ
とも、おいしさに大きく影響する。

抽出にはORIGAMIドリッパーをメインで使う。

オーナー・バリスタの吉田恒さん。
小学校の教員として約20年勤務し
た後、専門学校などで飲食を学び、
独立。

ナチュラル製法の浅煎り豆に限り、ゴールドフィルターを
使用。個性を生かしつつ、飲みやすく仕上がる。メイソ
ンジャーとの組み合わせがスタイリッシュ。

精製方法でドリッパーを使い分け、
どんなコーヒーも飲みやすい一杯に

　小学校の先生からバリスタに転身した、吉田恒さん。『私立珈琲小学校』はスタッフを担任、フードメニューを給食と呼ぶ、ユニークなコーヒーショップ。お客も店に行くことを登校と言って、その設定を楽しんでいる。

　豆のラインナップは、浅煎りから深煎りまで8種類。都内の人気ロースター数店舗から仕入れる。

　「クオリティコントロールやコスト面だけを考えたら、仕入先は一ヵ所に絞った方がベター。けれど複数のロースターの豆があることで、お客様にはそれぞれの個性を楽しんでもらえるし、自分も尊敬するロースターたちと密に情報交換ができる。おかげでコーヒーについて一層、多面的・多角的に考えられるようになりました」と、そのメリットを話す。

　コーヒー1年生から上級生まで、どんな人にも満足してもらえるような1杯を提供したいと考える吉田さん。8種の豆の抽出には、ORIGAMIドリッパーとゴールドフィルターとを使い分けている。

　「メインで使うのは前者。豆の種類を選ばず、誰がいれても安定したクオリティになる、オールマイティーな抽出器です。後者は、ナチュラル製法の浅煎り豆をいれるときに使っています。旨味成分であるオイル分ときれいな酸味をしっかり引き出すのに長けているので、普段は深煎り派、という方にも喜んでもらえます」と説明する。

　粉にしたコーヒーのポテンシャルをすべて抽出したい。そのために抽出で気をつけるのは、1湯目で粉全体にしっかり湯を行き渡らせ、蒸らすこと。焙煎からの経過日数、焙煎度合いによって粉の膨らみ方は変わるので、最終的に注湯は数字よりも五感で微調整する。定期的にスタッフ皆が計測器で測定したコーヒー濃度と、自分の五感とがブレていないかを確認している。

　現在は代官山店舗を閉め、新たな場所への移転準備中。新店舗は親交のあるアーティストとのワークショップ(授業)を開催できる場になる予定だ。

SHOP DATA

■住所／東京都渋谷区鶯谷町12-6 LOKOビル1階
■営業時間／平日11時〜19時、土曜8時〜19時、日曜8時〜18時
■定休日／月曜
■坪数・席数／8坪・屋内10席＋屋外10席
■客単価／700円
■URL／https://www.facebook.com/coffeee lementaryschool
□2021年12月現在、移転準備中。

METHOD – **1** ／ **私立珈琲小学校** 代官山校舎

Paper drip

熱伝導がよい磁器ドリッパーで
ブレのない抽出を実現

【 味わい 】

	1	2	3	4	5
甘み				●	
酸味		●			
苦味			●		
コク				●	
香り				●	

ドリップコーヒー
580円

作陶家、吉田直嗣さんによるカップ＆ソーサー。広めの口径と、柔らかな口あたりで、フレーバーをしっかり感じられる。

【 豆 】

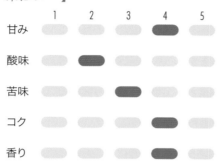

グァテマラ
焙煎度合いは深煎り、精製方法はウォッシュド。昼夜の気温差が大きい、ウエストテナンゴ地区、エル・コンスエロ農園のスペシャルティコーヒー豆。チョコレートのようなフレーバーと、しっかりした甘みが特徴。100g 800円。

【 器具 】

・ドリッパー：
「ORIGAMIドリッパー」
（ケーアイ）
・ホルダー：
「ORIGAMI木製ホルダー」
（ケーアイ）
・ペーパーフィルター：
「ウェーブフィルター」（カリタ）
・サーバー：メイソンジャー
・ケトル：
「コーヒードリップポット 雫」
（タカヒロ）
・スケール：「V60ドリップスケール」
（ハリオ）

2019年のワールドブリュワーズカップのチャンピオンが使っているのを見て、ORIGAMIドリッパーに興味を持ったという吉田さん。実際に使ってみると、深めのリブが底まであるためお湯抜けがよく、抽出時間をコントロールしやすいうえ、どんなタイプの豆でもおいしく抽出できることも気に入り、プラスチック製の円すい形から陶器製のORIGAMIドリッパーへ切り替えた。誰がいれてもクオリティーにブレがないため、スタッフからも「抽出時に迷うことがなく、自信をもってお客様に提供できる」と好評とのこと。衛生的で長く使えるのもメリットだ。

まず、ペーパーをのせる前と後で2回湯をまわしかけ、ドリッパーを芯まで温めるのがポイント。抽出効率が高まり、豆の持ち味をしっかりと引き出せる。ペーパーは円すい形を使うことも可能だが、吉田さんのおすすめはドリッパーにフィットするウェーブフィルター。平らな底辺で粉と湯が均一に馴染むため、安定した味の抽出につながる。

【 抽出メソッド 】

【1杯分（抽出量：200ml）】
豆量：14g
湯量：225ml
湯温：91℃

工程	累計時間	注湯量
1湯目	0秒〜	30ml
蒸らし	(45秒間)	
2湯目	50秒〜1分	70ml
3湯目	1分30秒〜	50ml
4湯目	2分〜	50ml
5湯目	2分30秒〜	25ml
出来上がり		(抽出量)200ml

【 プロセス 】

1 ORIGAMIドリッパーとホルダーをメイソンジャーにセットし、湯を注ぎ器具を温める。

2 ペーパーをセットし、再度湯を注ぐ（リンス）。メイソンジャーにたまった湯は捨てる。

3 グラインダーに、分量とは別にコーヒー豆を数粒入れて挽く。グラインダー内に残った微量のコーヒーを取り除くため。分量のコーヒー豆を中挽きにしてからドリッパーに入れ、平らにする。

4 91℃の湯30mlを中心から外側に向けて注ぎ、45秒蒸らす。

5 同様に、中心から外に向けて70ml注湯する。撮影時のコーヒーは焙煎3日後でガスが出やすいので、粉がおどらないようゆっくり注湯した。

6 1分30秒 経ったら50ml、2分経ったら50mlを注湯する。

7 最後、フィルターの側面についた粉を落とすように25ml注湯する。すべての粉を落とすことで、抽出効率を上げる。

8 すべて落ちきったらサーバーを外す。抽出時間は3分〜3分30秒。抽出量は190〜200ml。

9 スプーンで全体をかき混ぜてから、温めておいたカップに注ぐ。飲み口は触らないよう気をつける。

METHOD - 2 ／ **私立珈琲小学校** 代官山校舎

Metal drip

金属フィルターで
オイル分ときれいな酸味を抽出

【 味わい 】

	1	2	3	4	5
甘み					●
酸味				●	
苦味		●			
コク			●		
香り					●

ドリップコーヒー
580円

豆のもつオイル分を余すことなく抽出。浅煎りやナチュラル製法に苦手意識を持つ人にこそ、おすすめしたい1杯。

【 豆 】

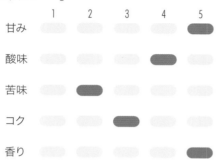

**エチオピア
フォゲウォッシングステーション**
焙煎度合いは浅煎り、精製方法はナチュラル。イルガチェフェ周辺に位置する、ウェストグジ地区のスペシャルティコーヒー豆。甘く華やかな風味と、豊かな果実味が特徴。
100g 800円。

【 器具 】

・ドリッパー：
「コレスゴールドフィルター」
（大石アンドアソシエイツ）
・サーバー：メイソンジャー
・ケトル：
「コーヒードリップポット 雫」
（タカヒロ）
・スケール：「V60ドリップスケール」
（ハリオ）

開業前に訪れたポートランドのカフェ「Courier Coffee」。そこで吉田さんは短期間ながらもオーナーには細かな技術から店主としての心構えまで教えてもらった。彼から受け継いだのが、ゴールドフィルターとメイソンジャーでの抽出スタイル。「浅煎り豆との相性が抜群です。良質な酸味とコクに魅了されました」と吉田さんは話す。

ゴールドフィルターの特徴としてペーパーに比べてメッシュの目が粗いため、勢いよく注湯するとすぐにドリップが終わり、未抽出でザラザラとした舌触りのコーヒーになる。そこで前半、特に最初の100mlの注湯はゆっくりめに、後半はスピーディーに行い、良質なオイル分を取り込み、マウスフィールをすっきりとした一杯に仕上げる。また、注湯時にドリッパーのフチにかけると湯がそのままサーバーに入ってしまうので注意する。

挽き目は細かくすると微粉が出てしまうので、粗めがベター。ペーパー不要で、エコなところも気に入っているという。

【 抽出メソッド 】

☕ 【1杯分（抽出量：200ml）】
　豆量：14g
　湯量：225m
　湯温：91℃

工程	累計時間	注湯量
1湯目	0秒〜	30ml
蒸らし	(45秒間)	
2湯目	50秒〜1分	70ml
3湯目	1分30秒〜	50ml
4湯目	1分45秒〜	50ml
5湯目	2分〜	25ml
出来上がり		(抽出量)200ml

【 プロセス 】

ゴールドフィルターをメイソンジャーにセットし、湯を注ぎ全体を温める。メイソンジャーにたまった湯は捨てる。

グラインダーに、分量とは別にコーヒー豆を数粒入れて挽く。分量のコーヒー豆を中粗挽きにしてからフィルターに入れ、平らにする。挽き目が細かいと微粉が残りやすいので注意。

91℃の湯30mlを中心に注ぎ、45秒ほど蒸らす。

70ml注湯する。ポットを軽く上下させ、リズミカルに注湯する。こうすることで短時間でもきちんと成分を抽出できる。

1分30秒経ったら50ml、1分45秒経ったら50mlを注湯する。あまり外側ギリギリに注湯しないこと。メッシュの目が粗いので、抽出せずにそのまま出してしまう。

湯が落ちきったら25ml注湯する。

すべて落ちきったらサーバーを外し、スプーンで全体をかき混ぜる。抽出時間は約2分。抽出時間が長くなると苦味が出てしまうので、スピーディーに抽出する。抽出量は190〜200ml。

温めておいたカップに注ぐ。飲み口は触らないよう気をつける。

［京都・丸太町］

スタイルコーヒー

STYLE COFFEE

Paper drip　Paper drip

『STYLE COFFEE』オーナーの黒須
工さんは埼玉県出身。オーストラリア
のメルボルンで3年間バリスタとして修
業後、帰国して京都の自家焙煎店で
修業。2019年に独立開業した。

豆と自主製作のテキストをセットにし
た「クエスト」（各号2000円）が話題。
抽出方法やブレンド、フードペアリン
グなど、毎号テーマが変わり、購入
者に課題が与えられる。店側も同じ
テーマで考察を行い、それをWEB上
で共有する。また、豆の購入者には
抽出のレシピも渡している。

「ホットコーヒーのように香りも味わい
も充分にあるコーヒーをアイスで作れ
ないか」という思いから、独自の手法
で作るアイスコーヒーを編み出した。

豆の購入者との"対話"も重視。
コーヒーの味覚への思考を巡らせる空間に

「コーヒーの味覚に思考を巡らせるのは面白い。この店が、そう感じてもらえる空間でありたい」というオーナーの黒須 工さん。2019年4月に開業した『STYLE COFFEE』は、コーヒーの提供や自家焙煎豆の販売の場である他に、〝センサリーラボ〟としての機能も持ち、黒須さんいわく「パブリックカッピングをはじめ、人を巻き込んでコーヒーの考察・実験を活動的に行っていく拠点」でもある。

同店では、常時5～6種類の豆を揃えている。豆の個性を活かすため、焙煎は浅煎りが中心だ。

「浅煎りのコーヒーはレシピが大きくずれると、ただ酸っぱくなり、渋みのようなネガティブな要素につながります。結果として浅煎りコーヒー全体がネガティブなものに捉えられてしまうので、豆の販売にあたっては、お客様が自宅で美味しくいれられるように、どうアドバイスし、サポートしていくかが課題です」と黒須さん。

その方策として、豆の購入者には抽出のレシピや、豆と自主制作のテキストをセットした「クエスト」を渡したり、不定期でドリップワークショップも行ったりしている。また、店では豆を150ｇ単位で販売しているが、3週間以内に飲み切るという人には「家庭で安定した味わいの浅煎りコーヒーを楽しんでいただくため」という理由を説明した上で、豆を挽いて売るようにしている。

コーヒーの抽出において、黒須さんが重視するのは、コーヒー粉の粒度だという。

「コーヒー粉の粒度が一定のゾーンからズレてしまうと、抽出されたコーヒーに出したい成分以外のものも出してしまい、その結果として渋みなどにつながりますから」というのがその理由だ。このため同店では「EK43」グラインダーを使用している。均一な粒度に挽ける点やモーターの位置の関係上、挽いた粉が熱の影響を受けない点がいいと黒須さんはいう。

SHOP DATA

■住所／京都府京都市上京区桝屋町360-1　ペアリーフ御所東1階
■TEL／075(254)8090
■営業時間／8時30分～17時(土曜日・日曜日・祝日9時～)
■定休日／火曜日
■坪数・席数／10坪・2席
■客単価／900円
■URL／https://www.stylecoffee.jp

METHOD – **1** / **STYLE COFFEE**

Paper drip

ひと口目の"スイートネス"を重視するため、あえて抽出効率の悪い低めの湯温を使う

【 味わい 】

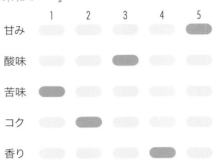

	1	2	3	4	5
甘み					●
酸味			●		
苦味	●				
コク		●			
香り				●	

Ethiopia / Haru
450円

プラムやピーチ、ベルガモット、紅茶のような質感のテイスト。

【 豆 】

Ethiopia / Haru
エチオピア・イルガチェフェ地区産、ウォッシュドの豆。豆は、焙煎後2週間ほどエージングした、味が開いて飲み頃になったものを使用している。150g1300円。

【 器具 】

・ドリッパー：
「V60ドリッパー」（ハリオ）
・ペーパーフィルター：
「V60ペーパーフィルター01」
（ハリオ）
・ケトル：「コーヒードリップポット」
（タカヒロ）
・スケール：（ハリオ）
・サーバー：
「UNITEA ティーポット」
（KINTO）

　豆と湯の割合は、1対16に設定し抽出している『STYLE COFFEE』。ドリッパーは、抽出のコントロールがしやすく、クリーンかつ、豆が持つ豊富な種類の酸味（複雑性）を引き出せることからハリオV60ドリッパーを使用している。

　1湯目の蒸らしを含めて、注湯は計4回で、細くゆっくりと湯を注いで、2分20秒前後で抽出を完了する。

　なお湯温は、浅煎りコーヒーに使用するには一般に90℃以上だと抽出効率がよくなるといわれているが、同店ではあえてやや低めの89℃の湯を使用。90℃以下だと抽出効率が下がるわけだが、そこはプロゆえの安定した注ぎとグラインド（豆の挽き目）でカバーしているという。

　「抽出効率の低下を承知で、あえて低温で抽出するのは、飲んだ時のひと口目の味わいとして"スイートネス"を重視するからです。スイートネスは、温度が低い方が感じやすくなるからです」とオーナーの黒須さん。

【 抽出メソッド 】

☕ 【1杯分（抽出量：185ml）】
豆量：13g
湯量：208ml
湯温：89℃

工程	累計時間	注湯量
1湯目	0秒〜	35ml
蒸らし	(60秒間)	
2湯目	60秒〜	40ml
3湯目	1分15秒〜	70ml
4湯目	1分45秒〜	63ml
出来上がり	2分20秒前後	（抽出量）185ml

【 プロセス 】

1 ドリッパーにペーパーをセット。冷たいドリッパーを使用すると、抽出効率が下がるため、湯をかけてドリッパーを温める。サーバーに溜まった湯は捨てる。

2 中挽きにしたコーヒー粉を、ドリッパーに入れる。

3 1湯目は、コーヒー粉の表面全体に湯が行きわたるように35mlを注ぐ。

4 そのまま60秒間置いて蒸らす。粉のすき間に湯が浸透し、膨らんでエキスが出てくるので、しっかりと蒸らしの時間をとる。

5 2湯目は40ml。注湯は1点に集中して注がない。チャネリング（湯の通りのムラ）が起こりやすいからだ。またドリッパーの壁面にも湯は注がない。

6 1分15秒で3湯目の70mlを注ぐ。さらに1分45秒で4湯目の63mlを注ぐ。ケトルは注ぎ口の太さがちょうどよく、注ぎをコントロールしやすいことから、「タカヒロ」を愛用。

7 2分20秒で前後でコーヒーが落ちて完成。カップに注ぐ。

METHOD - 2 / STYLE COFFEE

Paper drip

1湯目の抽出液の味わいを活かした、サーバー2個で作る、"味わえるアイスコーヒー"

【 味わい 】

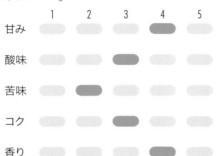

	1	2	3	4	5
甘み				●	
酸味			●		
苦味		●			
コク			●		
香り				●	

アイスコーヒー
600円

豆の特徴であるフルーティーな酸味を活かし、味わいも楽しませる。温度変化による味わいの違いを感じてもらうため、氷は入れずに提供する。

【 豆 】

Honduras / Caballero
ホンジュラス・マルカラ産、ウォッシュドの豆。ドライフルーツ、抹茶、スムースな口当たり。150g1350円。

【 器 具 】

・ドリッパー：「V60ドリッパー」
　（ハリオ）
・ペーパーフィルター：
　「V60ペーパーフィルター01」
　（ハリオ）
・ケトル：「コーヒードリップポット」
　（タカヒロ）
・スケール：（ハリオ）
・サーバー：
　「UNITEA ティーポット」
　（KINTO）

「ホットコーヒーのように香りも味わいも充分にあるコーヒーを、アイスでは作れていない状況に対して"アイスコーヒーだから"という思いが少なからずあった。もっと自分が"作る幸せ"を感じるものにしたい」と思ったのが、『STYLE COFFEE』オーナーの黒須さんが独自のアイスコーヒーを作るきっかけだ。

　同店では、アイスコーヒーの場合も1杯に対する豆・湯の使用量、湯温、抽出量、抽出器具は、ホットコーヒーの場合と同じ。だがアイスコーヒーでは、サーバーを2つ用意する点が特徴。

　「ドリップ1湯目の湯量を多めにし、コーヒーの成分を多く抽出します。この1湯目の抽出分だけを急冷しないことで味わいを保つことができると考えました」と黒須さん。最初に抽出したコーヒーはサーバーに取っておき、2湯目からの抽出液を別サーバーに落として氷水で急冷。それらを合わせてから、再び氷水にあてて15℃に冷すという手法を取っている。

【 抽出メソッド 】

【1杯分（抽出量：185ml）】
豆量：13g
湯量：208ml
湯温：89℃

工程	累計時間	注湯量
1湯目	0秒〜	50ml
蒸らし	（60秒間）	
2湯目	60秒〜	40ml
3湯目	1分15秒〜	60ml
4湯目	1分45秒〜	58ml
出来上がり	2分前後	（抽出量）185ml

【 プロセス 】

1 ドリッパーにペーパーをセット。冷たいドリッパーを使用すると、抽出効率が下がるため、湯をかけてドリッパーを温める。サーバーに溜まった湯は捨てる。サーバーはAとBの2台を用意する。

2 サーバーAをスケールにセットし、中細挽きのコーヒー粉を入れたドリッパーをセットする。1湯目の50mlを注ぎ、蒸らす。60秒経ったら、サーバーAをスケールから外す。

3 サーバーBをスケールに置き、その上に2のドリッパーを移動させ、2湯目の40mlを注ぎ始める。

4 1分15秒で3湯目の60mlを注ぐ。さらに1分45秒で4湯目の58mlを注ぐ。2分前後でコーヒーが落ちきり、2〜4湯分のコーヒーがサーバーBに溜まる。

5 サーバーBを氷水にあて、15℃まで急冷する。サーバーAは冷やさない。15℃の温度は、12℃以上で味が出てくるワインを参考に検証し、導き出した。

6 サーバーAのコーヒーを冷やしたサーバーBのコーヒーに注ぎ、15℃になるまで冷えたら、グラスに注ぐ。

[愛知・名古屋]

ダブルトール イントゥ カフェ

double tall into cafe

METHOD-1　METHOD-2

Espresso

Paper drip

系列店のカフェでも採用している、カウンタートップタイプのエスプレッソマシン。

ドリップコーヒーは保温性のあるテイクアウトカップに240mlをたっぷりと注ぐ。「NAGOYAブレンド」は冷めても酸味が出にくいため、持ち歩きにも向く。

注文を受けてから一杯ずつ抽出を行う。通りからも、ガラス越しに抽出の様子を見て取れるため、興味を持ってもらうきっかけにも。2022年にも県内の商業施設に同様のスタンド型店舗の出店が決まっている

新たな焙煎豆が入った時は、品質をキープするためテスト抽出を行い、糖度計で濃度を確認する。

『ダブルトールカフェ』が開発した国際特許のスチームノズル「Magic Tip®」。エスプレッソマシンのスチームノズルの先端に付けてミルクをスチーミングする器具。国内外のカフェチェーンやバリスタに愛用されている。

バリスタの腕が光るエスプレッソ抽出と
ハンドドリップは家庭向け提案も意識

本場のエスプレッソを追求し、豆の栽培からマシン開発まで手掛けるコーヒーカンパニー『ダブルトールカフェ』。コロナ禍によりテイクアウトの需要が伸びる中、スタンド形式の新店が2020年9月にオープンした。場所は、買い物客やオフィスワーカーが行き交う名古屋市のメインストリート沿い。熟練のバリスタが生む上質な一杯をカジュアルなスタイルで楽しめると、オープン以来、予想を上回る反響が続いているという。

カウンターに立つのは、『ダブルトールカフェ』立ち上げメンバーの一人である、近藤雅之さん。エスプレッソとハンドドリップ、2種類の抽出法を用い、コーヒーの提供を行う。エスプレッソマシンは、『ダブルトールカフェ』が開発したカウンタートップタイプ。一台ずつボイラーを搭載し、気圧の調整が可能だ。エスプレッソは、通常の半量の湯で抽出するリストレット。わずかな誤差が仕上がりを左右するため、豆量や抽出濃度をきっちり計って品質をキープする。濃厚なエスプレッソに、特許取得のスチームノズルでつくる、きめ細かなミルクフォームを合わせたカフェラテは、同店の看板メニューの一つだ。

オリジナルブレンドや、シングルオリジンから豆を選べるドリップコーヒーも人気が高い。豆の成分をしっかりと引き出すため、ウェーブタイプのペーパードリップを採用。コーヒードームの中で豆を攪拌しやすく、湯を含んで膨らむ豆の動きがよく見て取れる。ドリッパーをはじめハンドドリップに使う器具は、一般の人でも楽しみながら使える機能やデザイン性を意識する。「スタンドを出店したのは、家庭でコーヒーを楽しむ人が増えていることも要因の一つです。カフェと比べてお客様との距離が近いことで会話が弾み、抽出も間近に見ていただけるため、おうちコーヒーの提案にもつながると考えています」(近藤さん)。今後は豆の販売にも力を注いでいく意向だ。

SHOP DATA
- ■住所／愛知県名古屋市中区栄3-32-30
- ■TEL／052(684)9230
- ■営業時間／10時〜22時30分
- ■定休日／無休
- ■坪数・席数／5〜6坪・8〜9席
- ■客単価／600円
- ■URL／https://www.instagram.com/doubletall.into.cafe/

METHOD - 1 / double tall into cafe

Espresso

リストレット抽出で、重厚感とエッジを際立たせる

【 味わい 】

エスプレッソ
360円

きめ細かく濃密なクレマ層の下には、チョコレートのようなコクやとろみのある抽出液が。重厚感の中にパンチも感じられる味わい。

	1	2	3	4	5
甘み				●	
酸味		●			
苦味					●
コク					●
香り				●	

【 豆 】

エスプレッソブレンド
エスプレッソ専用の深煎りブレンド。焙煎士・廣井政行氏にオーダーした名古屋オリジナルで、ブラジル、ラオスを主に、パンチの利いたロブスタ種のインド豆をブレンドしている。100g 600円。

【 器具 】

・エスプレッソマシン：
「TALL XPRESSO®」
（ダブルトールカフェオリジナル）
・グラインダー：特注品
（アンフィム）
・タンパー（プルマン）
・スケール：「レシオスケール」
（ブリューイスタ）

　エスプレッソマシンは、無駄のないフォルムとデザインで、スタンド店舗にもマッチする「TALL XPRESSO®」。蒸らしながら気圧をかけるのが特徴で、豆の成分を濃縮した一杯が抽出できる。

　使用する豆は、重厚感がありエッジの利いた専用ブレンド。抽出はリストレットで、ワンショットの抽出量13gに対し、19gの豆を使用する。目指すのは、ミルクと混ぜても、しっかりと存在感を感じられるエスプレッソだ。

　コーヒーのクオリティを保つことにも人一倍気を配る。その一つが、パドル式のグラインダー。自動計量では誤差が生まれることがあるため、手動のパドルを使って豆を取り出し、スケールで計量して常に一定にする。加えて、人の手によるパドル操作は、バリスタのパフォーマンスの一部、というのが近藤さんの考えだ。また、新しい豆が入った際はテスト抽出を行い、糖度計で数値をチェック。目安は16～17％で、それより低い値なら、メッシュを調整し豆の挽き目を細かくする。

【 抽出メソッド 】

🍵 【ダブル（抽出量：26ml）】
🍵 豆量：38g
気圧：9気圧
湯温：93℃

工程	工程の見極め
グラインド	極細挽き
計量	きっちり38gに合わせる
レベリング	ムラなく均等に平らにする
タンピング	タンパーを水平に保ち、均一に押し固める
抽出	38〜40秒

【 プロセス 】

1

グラインダーで豆を極細挽きにし、パドルを動かして豆をポルタフィルターに適量入れる。

2

スケールで計量し、きっちり19gを使用する。

3

粉をならした後、タンパーを親指と人差し指で水平に保ちながら、垂直に圧をかけ、粉を均一に押し固める。

4

ポルタフィルターをマシンにセットし、カップをスケールに乗せて、抽出スタート。

5

蒸らしながら圧をかけるため、最初はポタポタと水滴状に抽出液が落ちる。

6

徐々に勢いよく抽出液が出る。

7

ダブルショットで約26mlに達したところで、抽出終了（抽出開始から38〜40秒）。黄金色の濃密なクレマとともに、周囲にきめ細かな白い泡のついた状態を、抽出成功目安の一つとしている。

METHOD - **2** / **double tall into cafe**

Paper drip

コーヒードームで豆を収縮させ、成分をきっちり抽出

【 味わい 】

	1	2	3	4	5
甘み				●	
酸味		●			
苦味				●	
コク				●	
香り				●	

NAGOYAブレンド
480円

しっかりとしたコクと口当たりの中に、鼻に抜けるようなフローラルの香りが広がる。冷めても酸味を感じにくい。

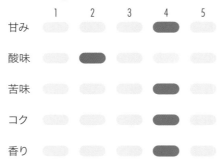

NAGOYAブレンド
コロンビア、ブラジル、ラオスをベースに、華やかなフローラルの香りのエチオピア・シダモをブレンド。バランスのよい中深煎りで、名古屋のコーヒー文化を踏襲した苦みや重厚さに、香りを楽しむ現代の感覚を取り入れた。100g 600円

【 器 具 】

・ドリッパー：
「ウェーブドリッパー」(カリタ)
・ペーパーフィルター：
「ウェーブフィルター」(カリタ)
・サーバー：
「300サーバーG」(カリタ)
・ケトル：
「KEDP-600 (シルバー) JP」
(カリタ)
・スケール：「レシオスケール」
(ブリューイスタ)

　ドリップ抽出には、カリタのウェーブシリーズを使用する。波型の部分に粉が入り込むことで土台が安定し、コーヒードームをつくりやすいのがポイント。蒸らし後の注湯は約20mlずつこまめに行い、収縮を繰り返しながら、粉と湯をなじませていくイメージだ。今回使用した豆は、苦みやコクに、華やかな香りをプラスした「NAGOYAブレンド」。蒸らしは短めの30秒ほどにし、深い味わいの中にも、クリアな飲み口を表現した。

　定番ブレンドのほかにも、シングルオリジンを3種類ほど用意する。抽出レシピは豆によって変えており、家庭でも取り入れやすい方法としてすすめているのが湯温によるコントロールだ。92℃をベースに、苦味を出したい場合は1〜2℃高く、香りを出したい場合は1〜2℃低く、といった具合。香りと味を引き出すために、コーヒー粉の厚みも重要と捉え、粉が膨らみにくい浅煎り豆などは一回り小さなドリッパーを使って厚みをもたせる。より多くの成分を出したいときは、蒸らし時間を1分とることもある。

【　抽出メソッド　】

☕ 【1杯分（抽出量：240ml）】
豆量：20g
湯量：260ml
湯温：92℃

工程	工程の見極め	注湯量
1湯目	粉全体を湿らせる	30ml
蒸らし	（25〜30秒間）	
2湯目	ゆっくりと円を描くように	20ml
3湯目〜	粉のドームがしぼみかけたら注ぐ、を繰り返す	1湯20mlずつ
出来上がり	蒸らし開始から約3分	240ml

【　プロセス　】

1 スケールの上にサーバー＆ドリッパーを置いて、ペーパーフィルターをセットし、中挽きにした豆を入れる。

2 注湯の温度は92℃前後。湯を30ml注いで粉全体を湿らせる。

3 30秒ほど蒸らした後、中心からゆっくりと円を描くように湯を注ぐ。

4 ペーパーの周囲に粉が張り付き、中央にぷっくりと膨らんだ豆のドームができる。繰り返し湯を注ぎ、ドームを収縮させながら成分を抽出する。

5 砂時計のように、抽出液を中心の一点から落とす感覚で注湯を続ける。

6 注湯量が260mlに達したらストップする。

[大阪・新町]

メルコーヒーロースターズ

Mel Coffee Roasters

METHOD-1

Paper drip

豆売りは常時約10種、そのうち1〜3種がブレンドで、ほかはシングルオリジン。テイクアウトコーヒーはゲイシャ、カップオブエクセレンスなどハイグレードのもの以外はすべて500円。

店主の文元政彦さん。2010年〜13年までオーストラリアのメルボルンでバリスタ修業をし、帰国後の2014年にQグレーダーを取得、2016年1月に開業。ジャパンブリュワーズカップおよびジャパンハンドドリップチャンピオンシップの認定審査員を務める。

左／スパイラルリブと大きな1つ穴が特徴のハリオV60円すい形ドリッパー。耐熱性と衛生面などからガラス製のV60ドリッパーを愛用している。 右／台湾・台北の「TASTER'S COFFEE」が考案したドリッパー「Lili」を使うことも。リブの多さと8つの穴がハリオV60同様の抽出を可能にする。

スペシャルティコーヒー専門の自家焙煎コーヒースタンド。焙煎機はドイツでオーバーホールされた1968年製のプロバット。小売用と120軒ほどの卸し用の豆を焙煎している。

浅煎りでも深煎りでも、コーヒー粉の
濾過層で表現するボディ感を重視

2019年10月にオープンした「綾部珈琲店」。その前身は約15年前、福岡市城南区別府にあった「綾部珈琲」だ。自家焙煎豆の販売とネルドリップを柱とし、コーヒー好きに愛された隠れ家的な喫茶店だった。「綾部珈琲」で店長を務めていた井田悠樹さんは、エスプレッソマシンでの抽出に興味を持ち、当時、シアトル系コーヒーの先駆けだった東京の「マキネスティコーヒー」に修業へ。「ネルドリップからコーヒーの道に入ったので、その当時珍しかったエスプレッソマシンでいれるコーヒーに興味を抱いて。アポなしで東京まで行きました」と井田さん。

その後、一度はコーヒー業界を離れ、長距離トラックドライバーを経験。全国を飛び回る仕事なだけに、各地の気になるコーヒー店を巡り、自分自身が本当に好きなコーヒーを模索する日々を送った。井田さんは、「元々、キャンプが好きで、僕のコーヒーの原点はイブリックによる煮出し抽出。重厚感があるコーヒーこそが僕が求める味だと再確認できたので、今の店では、それを表現できるドリップをメインの抽出としています」と話す。

開店当初はネルドリップとペーパードリップの2つの方法を採用していたが、現在ではペーパードリップのみにしている。その理由を、「フラワードリッパーの円すい形状により、深い濾過層が形成され、理想的な湯の対流が起こります。さらに深いリブのおかげでコーヒー粉が十分に膨らみ、コーヒー粉全体に湯を行き渡らせることができる。その膨らみ方はネルでいれるのと大差ない印象です。また、当店で採用している麻の繊維入りのアバカフィルターは通液性が安定しているため、注湯量で味のコントロールがしやすいんです。そういった点を踏まえて、フラワードリッパー1本で十分と判断しました」と井田さん。コーヒー粉の深い濾過層から生まれるしっかりとしたボディ感で、着実にコーヒー好きのファンを増やしているところだ。

SHOP DATA
■住所／福岡県福岡市城南区茶山5-7-1
■TEL／050（1432）2714
■営業時間／11時〜20時（L.O.19時30分）
■定休日／月曜
■坪数・席数／10坪・12席
■客単価／カフェ900円、豆売り1400円
■URL／https://www.instagram.com/ayabecoffee

METHOD - **1** ／ **綾部珈琲店**

Paper drip

ネルドリップの抽出理論に近い
フラワードリッパーを採用

【 味わい 】

	1	2	3	4	5
甘み			●		
酸味		●			
苦味				●	
コク				●	
香り					●

ドリップコーヒー
500円

焙煎度合いは中煎りだが、全工程を通して細い線で湯を注いでいくため、ボディ感はしっかり感じられる。まろやかな酸味は、余韻の甘みへと変化する。

【 豆 】

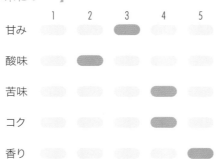

コスタリカ
アシエンダ・ラ・チンバ農園
カトゥアイ種、ブルボン種の２品種のブレンドで、精製方法はハニープロセス。チェリーやキャラメルを思わせる甘さ、アーモンドのような香ばしさを併せ持つ。中煎り仕上げで、丸みのある酸味が余韻に広がる。100ｇ 700円。

【 器具 】

・ドリッパー：
「有田焼フラワードリッパー」
（三洋産業）

・ペーパーフィルター：
「アバカペーパーフィルター」
（三洋産業）

・ケトル：銅製ポット（カリタ）

・サーバー：
「コーヒーサーバー」
（三洋産業）

ペーパードリップはフラワードリッパーを使用。理由は、ドリッパー内側の深めに掘り込まれたフラワーリブによって、湯を含んだコーヒー粉の膨らみが抑制されず、かつコーヒー粉による深い濾過層が崩れにくいフラワードリッパーの円すい形にある。つまり、ネルフィルターに近いドリップが可能で、どんな焙煎度合いのコーヒーでも、井田さんが最も大切にしているボディ感を表現できるというわけだ。

基本的に注湯するのは、ネルでいれる際と同じくドリッパー中央付近のみ。さらに、注ぎ口の高さも低め、湯量も極めて少なめで、2湯目からフィニッシュまで断続的に注湯する。ネルドリップの時と同様に、時にはドリッパーを傾けながら回して、濾過層を崩すことなく、湯をコーヒー粉に浸透させることもあると語る。「ドリッパーから立ち上る香り、粉の状態の見た目で判断することも大切。最終的にドリッパー内のコーヒー粉すべてに湯もしくは蒸気が透過するイメージでいれるようにしています」と井田さん。

【 抽出メソッド 】

【1杯分（抽出量：約130ml）】
豆量：16.3g
湯量：計測なし
湯温：90℃

工程	工程の見極め
1湯目（蒸らし）	粉全体を湿らせる
2湯目	ガスが抜けて粉が重力で落ち始めたら開始
以降	細い線、もしくは点滴で注湯。最後は低い位置で湯を注ぎ、約130ml抽出したら、ドリッパーを外す

【 プロセス 】

グラインドはやや粗めの中挽き。豆の量はエイジングの進み具合により、0.1g単位で調整する。コーヒー1杯（130ml）につき16.3g使用。

1湯目。最初はコーヒー粉に近い距離から注湯し、下の粉の層まで湯を行き渡らせるイメージで、徐々に注ぎ口の高さを上げていく。

ガスが抜けて、粉が重力で下へと落ち始めた時に2湯目開始。

2湯目からは極めて細い線、もしくは点滴程度で湯を注ぐ。

湯を注ぐ場所は、中央付近が基本だが、少しずつ円を描くように範囲を広げていく。その際、湯を注ぐ高さは低めで。

最後は、フィルター内の粉の層を崩さないようにさらに低い位置から注湯する。最終的に約130mlを抽出。

METHOD - 2 ／ **綾部珈琲店**

Nel drip

フィルター内の粉の層を崩さず
深い濾過層を形成する

【 味わい 】

	1	2	3	4	5
甘み				●	
酸味	●				
苦味				●	
コク					●
香り					●

**ネルドリップコーヒー
600円**

濃度が高く、強いボディ感が引き立つ。一方で、抽出温度が低く、かつ挽き目も粗いため、雑味はなく、口当たりもスムース。一番の個性は甘い香りだ。

【 豆 】

**インドネシア
マンデリン・ビンタンリマ**
インドネシア語でビンタン＝星、リマ＝5が示す通り、マンデリンの中でもトップクラスの品質。力強い苦味とボディ感、ほのかな甘みが特徴。深煎りにすることで、余韻にしっかりコクを感じるが、後味はクリーン。100ｇ 720円。

【 器具 】
・ネルフィルター：（ハリオ）
・ケトル：銅製ポット（カリタ）

「私がハンドドリップする際に大切にしているのは、いれ始めから終わりまで、どれだけフィルター内のコーヒー粉の層を崩さないかという点です」と語る井田さん。湯を注ぐ際は、水圧をできるだけかけないよう、できるだけ細い線で、ときには点滴のように湯を落としながら、中央部分のみに注湯。その後、ネルフィルターを傾けながら回し、全体に湯を浸透させる方法にたどり着いたという。

どんな豆でも大切にしているのはボディ感だ。ネルドリップと深煎り豆の組み合わせは、特にその点を顕著に表現したいと考え、使用するコーヒー粉に対して、抽出量は極めて少なめにしている。じっくり時間をかけて抽出するため、湯温は低めに設定する。最初は湯量や時間も計測していたが、とらわれすぎると、焙煎からの経過日数など日々変わる豆の状態に合わせられなくなる。そのため、今は使用する豆の量と湯温、抽出量のみ数値化している。コーヒー粉から湧き出てくる気泡の粒が大きくなる前というのも、いれ終わりの目安の一つ。

【 抽出メソッド 】

【1杯分（抽出量：約100ml）】
豆量：31g
湯量：約100ml
湯温：65℃

工程	工程の見極め
1湯目	コーヒー粉への湯の浸透具合や膨らみ方を見ながら注湯
2湯目	注ぐ湯量は極めて少なめで、場合によっては点滴
以降	湯がコーヒー粉全体に行き渡り、液体がカップに落ち始めたら一定量、断続的に湯を注ぐ。100ml程度いれ終わった時点で抽出完了

【 プロセス 】

1 カップに湯を注いでネルフィルターをかぶせる。カップを温める工程。湯気でネルフィルターをほどよく湿らせる。

2 コーヒー豆を粗挽きにする。粗めに挽くのは、雑味を極力出したくないのが理由。ネルドリップコーヒー1杯（約100ml）に使用する豆の量は31g。

3 湯温は65℃とかなり低め。一度に注ぐ湯量や注湯回数、時間は計測せずに、コーヒー粉への浸透具合や膨らみ方で判断する。

4 注いだ湯をフィルター内の粉にまんべんなく行き渡らせるために、フィルターを傾ける。

5 少しずつネルの表面が湿り始めたら、落ち始めの合図。

6 さらにフィルターを傾けながら回す工程を繰り返し、粉全体に湯を浸透させる。

7 湯を直接注ぐのは中央部分のみ。できるだけ圧力をかけることなく、じっくりと粉全体に湯を浸透させて抽出するため。

8 コーヒーがカップに落ち始めても、ネルを傾けながら回す工程は続く。

9 フィルター内が湯で満たされると、コーヒーが連続で落ち始める。ここからは一定量、湯を注いで、100ml程度抽出できたら完了。

[大阪・豊中]

カフェ ド ブラジル チッポグラフィア

Cafe do BRASIL TIPOGRAFIA

店頭で豆売りするブレンド、ストレートをカフェで
提供。豆売りでもよく売れるマンスリーブレンドは
〝喫茶店のコーヒー〟らしいオーソドックスな味わい
に季節感を加味して作り上げるもの。カフェメニュー
では、焙煎が中間の「ヴェルヂ(アンサンブル・ほどほ
ど派)」にあたるコーヒーだ。

自家焙煎のコーヒーとブラジルを
テーマにした、関西のコーノ式直伝
の店舗。カフェではボサノヴァやジャ
ズを聞きながら、いれたてのコーヒー
や自家製のスイーツでゆったりでき
る。現在は豆売りが主体で、卸しも
行っている。

左からライトグリーン、
イエロー、限定品のス
カイブルーの「名門ド
リッパー」、右端は同
じコーノの「ドリップ名
人」。店では豆の焙煎
度などに応じて使い分
けている。

店主の山﨑雄康さん。コーヒーの道を模索していた頃に味わった、珈琲サイフォン
株式会社の河野雅信氏がいれてくれたコーヒーに深く感動し、コーノ式珈琲塾に
入門。2004年から1年間、同社に勤務した。2005年12月に『チッポグラフィア』
を開業。

師が開発したコーノ式のドリッパーを愛用。
まったりとした日本の喫茶店らしいコーヒーを

大阪・豊中にある閑静な住宅街で16年、スタイルを変えず自家焙煎コーヒーをふるまう『チッポグラフィア』。日本にサードウェーブが訪れるずっと前、2005年にオープンした。

店主の山﨑雄康さんは30代で脱サラし、コーヒーの世界へ。コーヒーが学べる場所を探していたところ、コーヒー器具メーカーである珈琲サイフォン㈱が主催するコーノ式珈琲塾を見つけて参加。そこでコーノ式名門ドリッパーを知る。「私が人生で出会った最良のコーヒーが、師である河野雅信氏（珈琲サイフォン㈱の代表取締役社長）がいれてくれた一杯。粗めに挽いたたっぷりの粉で、すっきりしているけど薄くはない、液体として濃厚なネルドリップに近い味でした」と振り返る。そこから抽出器具はコーノのもので揃え、ドリッパーは最初に使い始めた「名門ドリッパー」を使い続けている。目指しているのは、ゴクゴクと飲みやすくあっさりしたコーヒー。おいしくいれるコツは「挽きたての豆をゆっくり丁寧にいれるだけ」と話す。

開業と同時に自家焙煎もスタート。ブレンド、ストレートを合わせて常時12〜14種を用意している。日常的に飲めるよう豆は100g500円前後で販売。近隣に住む常連客が定期的に買いに訪れる。

焙煎には珈琲サイフォンで学んだときに使っていたものと同じ富士珈機の焙煎機を使用。既製品ではなくコーノ式の抽出に合わせたオーダー品で、バーナーは通常品の1.5倍の本数、バーナーと窯との距離を離し、いわゆる強火の遠火を可能にしている。こうすることで豆が焦げたり生焼けになったりする失敗が少なく、豆のポテンシャルをしっかりと引き出した焙煎が叶う。

山﨑さんはボサノヴァが好きでBGMはブラジル音楽が中心。豆のネーミングもユニークで、次ページで紹介するブレンド豆「ムーンダンス」も山﨑さんが好きなブラジル音楽の曲名に由来している。詩的なネーミングも店の個性を際立たせている。

SHOP DATA
- ■住所／大阪府豊中市本町6-7-7
- ■TEL／06（6849）6688
- ■営業時間／11時〜19時（カフェ18時）
- ■定休日／月曜・第3日曜
- ■坪数・席数／20坪・13席
- ■客単価／600円〜700円
- ■URL／http://www.tipografia.sakura.ne.jp

METHOD - 1 / Cafe do BRASIL TIPOGRAFIA

Paper drip

蒸らさず1湯で抽出。前半に濃厚なエキスを抽出し、後半は濃度調整

【 味わい 】

	1	2	3	4	5
甘み				●	
酸味		●			
苦味				●	
コク			●		
香り					●

ジャポネーゼ
（ドリップコーヒー）
500円

販売している豆はすべてイートインが可能。ジャポネーゼと名付けたホットコーヒーがKONO式の円すい形フィルターで抽出したもので、ほかに布出しコーヒー（600円）もある。「ゆったりくつろいでほしいから」と1杯220mlとたっぷり注いで提供する。

【 豆 】

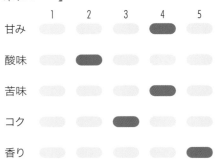

マンスリーブレンド ムーンダンス
月替わりのブレンドは飲みやすさを重視し、基本は中煎り。取材時は、ナチュラル製法とウォッシュド製法、2種のグァテマラがベースで、ホンジュラスとコロンビアで微調整。酸味、苦みのバランスがよい。100g 500円。

【 器 具 】

・ドリッパー：「名門ドリッパー」
　（コーノ）
・フィルター：「コーノ用円すい
　フィルターMO-25」（コーノ）
・サーバー：「コーヒードリッ
　パー グラスポット」（コーノ）
・ケトル：「M-5」（ユキワ）

「ネルドリップに近い、濃厚な味わいのコーヒーが入れられる、それがコーノ式の名門ドリッパーです」と話す山崎さん。オープンしてから16年、メインで使い続けている。円すい形ドリッパーの元祖ともいえるもので、大きな1つ穴とリブの形状がまっすぐで短いのが特徴。ドリッパー下部はフィルターがドリッパーから離れ、ドリッパー上部はフィルターとドリッパーが貼り付くという構造で、湯が適度に落ちていくため、湯量のコントロールにより、理想の味が作り出せるという。

　抽出する際、蒸らしの時間はなし。注湯も1湯で行う。前半はドリッパーの中心を狙って点滴抽出し、サーバーに抽出液が落ちたタイミングで、徐々に注ぐ範囲を広げ、抽出量の半分に達したらスピードアップしていく。

　今回抽出したマンスリーブレンドも基本通りに抽出する。幅広い層に向けて飲みやすいブレンドにしていて、ドリップする際の挽き目は粗め。量は多めで、ゆっくり湯をあてながら抽出するとバランスがいいという。

【　抽出メソッド　】

☕ **【1杯分（抽出量：220ml）】**
豆量：34g
湯量：300〜400m
湯温：89℃

工程	工程の見極め	注湯量
1湯目	点滴に近い細さの湯を途切れることなく、ゆっくり注ぎ続ける	300〜400ml
出来上がり	（累計時間）約3分	（抽出量）220ml

【　プロセス　】

コーヒー1杯につき豆34gを使って220ml抽出。中挽きより少し粗めに挽いた豆を使う。ポットはユキワ製で、独自に先を細く加工している。

ドリッパーの中心に、点滴のようにポタポタと湯を注ぐ。サーバーに最初の1滴が落ちるまでは中心（1円玉くらいの範囲）に湯を置いていく感覚で注ぎ続ける。蒸らす時間は特に設けない。

サーバーにコーヒーが落ち出したら、中心から徐々に注ぐ範囲を広げていく。次第に〝湯を差し込む〟ような注ぎ方へと変化させる。

抽出量の半分強に達したら、注湯のピッチを徐々に上げる。

必要量（220ml）を抽出できたらドリッパーを外す（アクなどの成分が落ちる前に撤収する）。抽出時間は約3分程度。

[東京・亀戸]

珈琲道場 侍

METHOD-1
Paper drip

METHOD-2
Paper drip

コーヒーは、おもに「ウェッジウッド」など、ヨーロッパの歴史ある陶磁器メーカーによる薄い飲み口のカップで提供する。

『珈琲道場 侍』の店長・春日孝仁さん。大学4年生の時に飲んだ同店のコーヒーのおいしさに開眼し、オーナーの近藤孝之氏の門を叩き、アルバイトとして採用される。大学卒業と同時に入社。2018年からジャパンブリューワーズカップなどの競技会に出場し、腕を磨く。

台形で中心部に穴が1つあるメリタの2種類のドリッパーを採用。「クリアフィルター」は、1〜2杯取りサイズのみ内側の上部までストレートに刻まれた溝が並ぶため、スッキリとした味わいのコーヒーを抽出できる。「アロマフィルター」は、台形の1つ穴ながら、穴の位置がやや高く、ゆっくり長めに粉が湯に浸かることで蒸らしができ、より深いアロマが引き出される。

浸漬法と透過法を併せ持つ器具を使い、
ゆっくり抽出することで理想の味を実現

『珈琲道場 侍』は、1978年創業。フィルターコーヒーと水出しコーヒーの2本柱で地元客を中心に支持されている。本格的なコーヒーに加え、『道場』と謳う店名とロッキングチェアを配したカウンターの意外性もあり、週末は遠方のお客も多い。

同店で取り扱うおもなコーヒーは、中南米の豆をベースに深煎りし、8時間かけて冷水で抽出した水出しコーヒー1種類、今回紹介するブレンド1種類のほか、シングルオリジン5種類で構成。なかでも、中煎りを中心としたシングルオリジンは、「エチオピア モカシダモ」や「インドネシア マンデリン シバンダン」など、それぞれの国の味わいや個性を感じやすいように特定銘柄を使用する。また、別枠で希少性が高く、最高位のG1グレードのスペシャルティコーヒー1種類「エチオピア アリーチャ ナチュラル」を提供する。

店舗での抽出は、1つ穴のメリタ製「クリアフィルター」（1～2杯取りサイズ）を直接、カップにのせている。抽出の訓練時、鼻をつまんで飲んでみると味がぼやけて飲み慣れたコーヒーすら味がわからなくなったという経験から、口にする前から〝香り″の印象は味を大きく左右すると考え、〝香り″を軸に置いて抽出を重ねた。このドリッパーは、浸漬状態が長く続くため、コーヒーオイルに起因する豆のフレーバーをより多く引き出し、香りの印象と合致する甘味や酸味のバランスを整えてくれる。

店舗でも競技でも味のバラつきがなく、いつ来ても同じ味を目指した春日さん。ゆっくり抽出することで、理想の味が再現でき、味のブレが最低限に抑えられるこのレシピは、1注湯ごとに味を飲み比べ、最終的に各注湯のコーヒー液をブレンドして飲んで確認してたどり着いた。加えて、ポットコントロールでは、湯を注ぐ瞬間の勢いで生じる攪拌ができる限り起こらないよう、低い位置から注ぐことも大切だと話す。

SHOP DATA

■住所／東京都江東区亀戸6-57-22　サンポービル2F
■TEL／03（3638）4003
■営業時間／8時～24時
■定休日／日曜
■坪数・席数／30坪・44席
■客単価／1000円
■URL／http://www.samurai-cafe.jp

METHOD - **1** / **珈琲道場 侍**

Paper drip

フィルターをカップに直接のせて抽出し、しっかりしたボディとすっきりした味わいに

【 味わい 】

	1	2	3	4	5
甘み				●	
酸味			●		
苦味			●		
コク				●	
香り			●		

**侍オリジナルブレンド
480円**

「水出しコーヒー」と並ぶ同店の看板メニュー。マイルドな甘さ、酸味、苦味のバランスが絶妙で、すっきりとしたアフターテイストが印象的。

【 豆 】

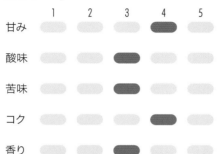

侍オリジナルブレンド
ニカラグア・カサブランカ農園のスペシャルティコーヒー豆をベースにブラジル、コロンビアの豆をアフターミックスでブレンドした。焙煎度合いは中煎りで、中南米のカリブ海の華やかさを連想させる味わいも魅力。100g750円。

【 器 具 】

・ドリッパー:
「クリアフィルター」(メリタ)
・ペーパーフィルター:
「アロマジック ナチュラルホワイト」
(メリタ)
・ケトル:銅製アラジンポット

「今回使用するメリタのクリアフィルターは、小さなひとつ穴で抽出スピードがゆっくりなのが特徴。コーヒー豆が湯に浸っている時間が長くなるため、香り、甘さ、ボディなど、理想の味を再現できます。この浸漬法と透過法を併せ持つ抽出器具はスタッフによる味のブレを最低限に抑えることができる点もいいですね」と春日さん。

今回は中煎りの3種のブレンド豆を使用し、先述のドリッパーで持ち味の華やかなフレーバーを引き出す。ペーパーフィルターも同じくメリタの完全酸素漂白のものを採用。ケトルはアンティークを思わせる銅製のアラジンポットを使用し、湯煎したカップにドリッパーを直接のせて抽出する。

1湯目の蒸らし後、2湯目で中央部に抽出の道を作り、2湯目の本抽出で一気に粉を膨らませ、膨らみ具合や土手が崩れていないか確認する。3湯目後、雑味がでないよう、完全に落とし切る前にフィルターを外すことがポイントだ。

【　抽出メソッド　】

【1杯分（抽出量：150ml）】
豆量：20g
湯量：約200ml
湯温：92℃〜94℃

工程	工程の見極め	抽湯量
1湯目	粉の中央部分めがけて円を描くように2回注ぐ	40ml
蒸らし	（30秒間）	
2湯目	静かに円を描くように注湯し、粉の膨らみの中央部分に抽出の道筋を作る	20〜30ml
3湯目（本抽出）	放物線の先が真ん中に行くようにイメージして一気に注湯	100ml
4湯目	注湯後、完全に落とし切る前にフィルターを外す	約30ml
出来上がり	（累計時間　約1分20秒）	（抽出量）150ml

【　プロセス　】

湯煎したカップにフィルターをのせ、ペーパーを敷き、中挽の粉20g（1杯分）を入れ、表面をならす。ペーパーは濡らさずに抽出することで、蒸らし時のガス抜けを良くし、香り成分を多く含むコーヒーオイルを効果的に引き出す。ポットの注ぎ口も湯通しし、均一の温度で抽出を開始する。

100℃に沸かし、92℃〜94℃に下げた湯 約40mlを手前から粉の中央に向かって膨らませないよう、低い位置から2回、円を描くように注ぎ、30秒蒸らす。

静かに円を描くように20ml〜30mlを注湯し、粉の膨らみの中央部分に抽出の道を作る。

約100mlを放物線の先が真ん中に行くように中央部やや手前をイメージして注湯し、一気に粉を膨らませ、本抽出。この時、粉の膨らみ具合や土手が崩れていないかなどをチェックする。

約30mlを注湯し、味のバランス調整を図りながら雑味が出ないよう、完全に落としきる前にフィルターを外す。

METHOD - **2** / **珈琲道場 侍**

Paper drip

「ハンドドリップによる、香りへのアプローチ」をテーマにした抽出法

【 味わい 】

	1	2	3	4	5
甘み				●	
酸味				●	
苦味		●			
コク			●		
香り					●

エチオピア
アリーチャ ナチュラル
600円

鼻腔をくすぐるフルーティかつフローラルで芳醇な香りとしっかりとした味わいに加え、やわらかな酸味と甘さが際立つ一杯。

【 豆 】

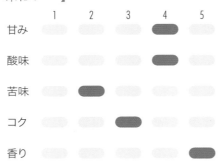

エチオピア アリーチャ ナチュラル
「ハンドトリップによる、香りのアプローチ」をテーマに選んだスペシャルティコーヒーの中 浅 煎り。100g1180円。予選会出場時は、同店出身者が営む自家焙煎店「しげの珈琲工房」(P.150)とイメージを共有して作り上げた「エチオピアコケ」を使用した。

【 器具 】

・ドリッパー:
「アロマフィルター」(メリタ)
・ペーパーフィルター:
「アロマジックナチュラルホワイト」(メリタ)
・サーバー:
「カフェリーナ500」(メリタ)
・スケール:
「V60ドリップスケール」(ハリオ)
・ケトル:
「ドリップケトルヴォーノ」(ハリオ)

春日さんが「ジャパンブリュワーズカップ2018」予選会出場時に行った抽出方法だ。

特筆すべきは、同じ豆を使いつつ挽き目を変えたコーヒー粉を合わせる点。良質の焙煎豆を使いながら、より狙った味わいや口当たりを表現するためだ。細挽きだけだと抽出速度が遅く渋みが出てしまうため検証を繰り返し、この方法に至った。細挽きで良質な甘みと酸味、中挽きでアロマとフレーバーを引き出す。さらにそれぞれの粒度を揃えるために2段階のメッシュで微粉を取り除いて合わせ、ミディアムライトの口当たりに調整した。

ドリッパーはメリタのアロマフィルターを採用。注いだ湯が底で一旦溜まる構造のため、蒸らし効果で深いアロマが引き出され、イメージ通りの香り立つ1杯が誕生する。

抽出はサーバーに注湯を2回に分けて行う。湯40mlを注ぎ、30秒の蒸らし後、本抽出として湯160mlをはじめは中央めがけて太めの湯で一気に注ぎ入れる。仕上げに抽出液をスプーンでステアし、味を均一にする。

【　抽出メソッド　】

【1杯分（抽出量：150ml）】
豆量：24g
湯量：200ml
湯温：96℃

工程	工程の見極め	抽湯量
1湯目	粉の中央よりやや手前に、回しながら注ぐ	40ml
蒸らし	（30秒間）	
2湯目（本抽出）	太めの湯で始め、後半は細目に	160ml
蒸らし・抽出	蒸らしながら抽出（約60秒）。抽出前半は早め、後半は遅め	
仕上げ	フィルターを外し、ステアして味を均一にする	
出来上がり	（累計時間 約1分30秒）	（抽出量）150ml

【　プ ロ セ ス　】

1
スケールにサーバーとドリッパーをセットし、ペーパーをのせ、ミディアムライトのボディに調整したコーヒー粉を入れてならす。ポットの注ぎ口もしっかり湯通しする。

2
100℃で沸かし、96℃に下げた湯を、中央よりやや手前に回しながら40ml注いだ後、30秒かけて蒸らす。高めの圧で蒸らし、アロマを引き出す。

3
湯160mlをはじめは粉の中央めがけて太めの湯で一気に注ぎ、湯だまりがドリッパーの半分ほどに達したら細めの湯で円を描くように透過と注湯の速度を一定にして注ぐ。

4
約60秒かけて粉面をフラットにしながら抽出。粉が浸透する時間が長いので、コクがあり、しっかりとした味わいとなる。抽出時間は約1分30秒。

5
フィルターをはずし、サーバーのコーヒーをバースプーンでステアし、味を均一にする。

[東京・丸の内]

サザコーヒー

SAZA COFFEE　KITTE 丸の内店

METHOD-1
Siphon drip

METHOD-2
Espresso

ゲイシャを使ったサイフォンのコーヒーを注文された場合は、本日のコーヒー（ゲイシャ以外を使用したドリップコーヒー）を試飲用にスモールカップで提供し、飲み比べを楽しんでもらう。

エスプレッソ用の豆は定期的に変わる。レギュラーメニューの「ゲイシャカプチーノ」（1000円）のエスプレッソには、主にコロンビア産のゲイシャを使用。

櫻谷朋香さんは『サザコーヒー』の大宮店、品川エキュート店を経て、2021年4月から同店の店長に就任。サイフォン抽出に関しては、「見て楽しめる抽出法でもあるので、お客様との会話も大切に、見られている意識を持って所作に気を配るようにしています」と話す。

統括マネジャー・バリスタの飯髙 亘さん。「ジャパン・バリスタ・チャンピオンシップ」で上位入賞を果たすなど、高い技術を持ち、同社スタッフの育成にも尽力する。

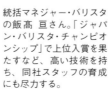

【 抽出メソッド 】

☕ 【ダブルショット（抽出量：38ml）】
　豆量：21g
　湯温：91℃
　気圧：9気圧

工程	工程の見極め
グラインド	細挽きにする
ドーシング	ブラインドシェーカーを使ってフィルターに入れる
レベリング	一定箇所にお湯の抜け道ができないよう、丁寧に行う
タンピング	水平に均一に押し固める。10kgくらいの力加減
抽出	18〜21秒間で38mlを抽出

【 プロセス 】

1 グラインダーで豆を細挽きにする（浅煎り豆の場合は、深煎り豆と比べて成分が出にくく芯から成分を出す必要があるため、より細かく挽く）。事前のメッシュ調整では、その日に使う焙煎豆でテスト抽出し、ガス量や豆の状態を把握し、そこから抽出レシピを作る。

2 挽いた豆（コーヒー粉）は、ブラインドシェーカーを使ってポルタフィルターに入れる。ブラインドシェーカーを使用するのは、豆のガスを抜くという目的と、きれいにドーシングができるから。取材時の豆はガスが多めだったので、シェーカーで振ってガス抜きをした後、2分ほど放置した。

3 タンパーで粉を押し固める。水平かつ均一に押し固めるのはもちろん、「毎回同じようにできる」ことがタンピングでは重要。

4 マシンにポルタフィルターを装着し、ボタンを押して抽出開始。

5 抽出中は液体のカラーや落ちるスピードを注視する。ダークブラウンの色合い、20秒ほどの抽出を目指す。

［京都・上京区］

FACTORY KAFE 工船

METHOD-1

Nel drip

アイスコーヒ　720円

抽出したデミタスをたっぷりの氷で急冷。氷は水で洗ってから使うことで、コーヒーがよりクリアな味わいに。

2007年に開店した自家焙煎＆ネルドリップコーヒー専門店『FACTORY KAFE工船』で開店当初から店長を務める瀬戸更紗さん。『オオヤコーヒ焙煎所』のコーヒーを店主のオオヤ氏とともに長く作ってきたスタッフで、焙煎士でもある。

オリジナルのネルドリッパー。4枚はぎで立体裁断を採用。側面が浅くて表面積が広く、コーヒーの特性がはっきり出やすい。フィルターとハンドルが簡単に着脱できるのも利点。3200円（フィルター2枚付き）で販売している。

推奨しているアンティークミル。大量生産が行われる以前の1970年代までに製作された、主にフランス製やドイツ製。ミルの刃が鉄製で、現在の鉄よりも良質な鉄で作られている。日本の職人がメンテナンスやリペアしたものを販売。ウェブショップでも取り扱っている。

独自の視点で焙煎＆抽出を行う
京都発の独立系コーヒーメーカー

コーヒー焙煎家、オオヤミノル氏が代表を務める「オオヤコーヒ焙煎所」のコーヒーが飲める店『FACTORY KAFE工船』。同店では氏の焙煎した豆をネルドリップで抽出し、提供している。ここでは、氏のコーヒーと抽出に対する独自の理論と世界観を紹介してもらった。

「まず大事なのは、どの焙煎度のコーヒーを選ぶか」と話すのは『FACTORY KAFE工船』店長の瀬戸更紗さん。同店のコーヒーの焙煎度は、浅ヤキ、中ヤキ、中深ヤキ、深ヤキの4タイプ。浅ヤキは植物由来のおいしいところを味わうレンジ。フルーティーな酸味を極限までまろやかに仕上げている。中ヤキは強い味を抜いたマイルドな味わい。中深ヤキは焙煎の味にフォーカス。かすかな植物の味を後味やコクにのせる。深ヤキは焦げてから個性を発揮する豆のみを使用する。

ネルドリップの抽出の特徴は、ペーパードリップと違い水を含んだ状態でいれ始めること。コーヒー液は布を通って落ちるのではなく、水を通って落ちる。常に水分を含んでいることが前提の道具なので、水フィルター効果があるという。

またペーパーは目が細かくよく濾せるため、味わいがクリア。一方ネルでは、それよりもくもった味わいになる。そのくもった感じはコーヒーの油分由来なので、くもりながらも口当たりはスムースで悪い印象を与えないと考えている。

「適正な抽出が行われたという前提で、10gの粉に対して最初の30ml、次の100ml、その次の100mlとコーヒー液は順次出がらし化して行きます。それらの個性をうまく混ぜ合わせることがドリップと考えています。そのためには上から下への調理法が確認作業として有効です。またネルドリッパーは、布の目取りや材質や縫い方で様々な味を実現できる道具。自分でアレンジできる道具は〝インディペンデント〟をブランディングの核と考える我々にはとても大切です」（オオヤ氏）。

SHOP DATA

■住所／京都府京都市上京区河原町通 今出川下ル梶井町448
　清和テナントハウス2F G号室
■TEL／075(211)5398
■営業時間／11時〜21時
■定休日／火・水曜
■坪数・席数／14坪・9席　■客単価／1000円
■URL／http://ooyacoffeeassociees.com
□webshop／https://ooyacoffee.stores.jp

METHOD - **1** / **FACTORY KAFE 工船**

Nel drip

ムラシとステル、シボリ、ナガシの 3工程で2種のコーヒーをつくる

【 味わい 】

	1	2	3	4	5
甘み					●
酸味				●	
苦味	●				
コク					●
香り					●

ホットコーヒ（こってり）
620円

ガラスカップにはデミタス、ポットにはデガラシが入っている。「こってり」は、まずデミタスを味わい、その後デガラシで濃度調整をしながら時間をかけて味わえる良さがある。一方の「あっさり」620円は、デミタスとデガラシが合わさったコーヒー180mlをポットに入れ、温めた空のガラスカップとともに提供。カジュアルにごくごく飲める。

【 豆 】

KENYA
キリニャガ産を中心に7ファクトリーの豆をブレンド。ケニア式のプロセスにしては若干の果肉香が残り、本来の品種の味と相まって複雑な紅茶のような風味。中深～深ヤキにすると強い酸はミルキーなコクとフルーツ香に変化する。

※現在は取り扱いなし

【 器具 】

・ドリッパー：
　ネルドリッパー（オリジナル）
・サーバー：コーヒーサーバー
　（torch）
・ケトル：
　「ユキワ コーヒーポットM-5」
　（三宝産業）

　基本の抽出方法は①ムラシとステル、②シボリ、③ナガシの3工程。「抽出の役割はコーヒーをどの程度濾すか、つまり濃度調整です。生豆が持つ味と焙煎で焦がして作った味、この2つを持ち味通りに引き出せるかどうかが抽出の妙でしょう」と話す瀬戸さん。

　コツは豆の鮮度、抽出時の気温、抽出道具の冷え具合、飲む人の状態に気を配ること。そのときの環境に合わせてコーヒー粉の粒度や湯温、シボリとナガシのバランスを変更する。

　「コーヒー豆は焙煎してから、日々変化するもの。スケールでわかる数字ではなく、今どんなコーヒーを作りたいかを、日々抽出する中で観察し続けることが大切だと考えています」と話す。

　同店のコーヒーは「こってり」「あっさり」の2種。こってりはデミタスに少しずつデガラシを入れて濃度を調整しながら味わうもの。「あっさり」はデミタスとデガラシを同量ずつ混ぜ合わせたもので、こちらはカジュアルにごくごく飲める良さがある。

【　抽出メソッド　】

☕ 【1杯分（抽出量：180ml）】
豆量：30g
湯量：450ml
湯温：80℃

工程	工程の見極め
湯温調整	100℃から80℃に冷ます
ムラシ	湯を粉全体に浸透させ、濃い液が落ちきるのを待つ
ステル	ムラシで抽出された液体は捨てる
シボリ	湯を点滴し、90mlの「デミタス」を抽出する
ナガシ	湯を静かに注ぎ続け、90mlの「デガラシ」を抽出する
出来上がり	デミタスとデガラシを「こってり」は別添えに、「あっさり」は混ぜ合わせて提供する

【　プロセス　】

1　80℃まで冷ました湯を準備する。沸騰した100℃の湯をサーバーへ、次にケトルへ、ケトルからサーバーへ、再度ポットへと移し替えることで80℃にしていく。スタートを揃えるため、また衛生面からも100℃から温度を下げていく。

2　水で湿らせよくしぼったネルフィルターに挽いた豆を入れる。湯が下部の中心へ向かって流れ進むようフィルターの形を整える。

3　【ムラシ】80℃の湯を低い位置から粉全体に注ぐ。湯を素早く静かに浸透させる。

4　【ステル】最初の湯は粉の表面を洗い落とした液体と考えているため、湯を吸った液が大体落ちきったら捨てる。

5　【シボリ】粉から甘い香りが出たら、湯を点滴し、粉10gに対して30ml。計90mlの濃いコーヒー（デミタス）をポタポタ出す。粉の中心部に向かって小幅な湯を投げ入れるように注ぎ、粉全体に湯が行き渡るよう時折フィルターを回す。

6　「こってり」では、抽出したシボリの液体（デミタス）をカップに移し入れる。

7　【ナガシ】中心部に向かって力を入れずに湯を注ぎ続ける。コーヒーが途切れないように必要量まで抽出（デガラシ）。粉量30gであればデガラシ約90ml。

8　「あっさり」では、シボリでいれたデミタス90mlの上からデガラシ約90mlを抽出する。

[福岡・久留米]

コーヒーカウンティくるめ

COFFEE COUNTY KURUME

METHOD-1　METHOD-2

Paper drip

Airpressure

オーナーの森 崇顕さん。コーヒー会
社のロースターを経て、ニカラグアに
3カ月滞在。その経験を活かし、生
産国に自ら足を運び、生豆を買い付け
る現在のスタイルをとっている。

ドリッパーは、「豆のキャラクターが雑味なくすっ
きりと出しやすいから」ということで、ウェーブ
ドリッパーを採用している。

エアロプレスを使い、低温で抽
出した香り高いコーヒーを、さら
にジュースのようなテイストに仕
上げるために、少量の湯を加え
て希釈する方法も行っている。

生産国で買い付けたコーヒー豆を浅煎りに。
その果実味を活かせる抽出法を選択

　福岡市や久留米市など、福岡県内に3店舗を展開する『COFFEE COUNTY』。中でも2019年にオープンした久留米店は、40坪以上の店内に2台の焙煎機を設置。2階をイートインスペースにした、焙煎がメインの店である。

　『COFFEE COUNTY』は各地からコーヒーファンが訪れるほど、全国的にも名を知られる店で、特にオーナーの森 崇顕さんがコーヒー生産国まで足を運び、買い付ける豆のキャラクターの鮮烈さ、多彩さが同店の代名詞となっている。

　生産者が栽培に傾ける思いを大切にしたいと考えており、扱うコーヒー豆はシングルオリジンを中心に揃えている。さらに焙煎度合いは、一番深い焙煎の豆でも一般的なコーヒー店の中深煎り程度。大半は浅煎りで、その果実味あふれるテイストはコーヒーがフルーツであることを再確認させてくれる。

　それぞれのコーヒーが持つ個性の豊富さを楽しんでほしいという姿勢から、同店が抽出に使用するのは、カリタのウェーブドリッパーと、エスプレッソマシンを中心にしている。特にハンドドリップでは、浅煎り特有のコーヒーのジューシー感やフレーバーを、無駄なくクリアに引き出すことを重視している。

　また142ページでは、エアロプレスによる注出方法も紹介してもらった。空気圧を利用してエキス分を抽出するエアロプレスは、抽出にかかる時間は短くても濃度が高く、それでいてすっきりした味わいのコーヒーを抽出でき、豆の持つ甘みやフレーバーを上手く表現しやすい。シングルオリジンのように個性が明確な豆にも使いやすい器具というわけだ。

　さらにここでは、エアロプレスで抽出したコーヒーに湯を加える技法も紹介。まろやかで甘みが際立ち、ジュースのようなテイストに仕上げることができるという。

SHOP DATA
■住所／福岡県久留米市通町102-8
■TEL／0942(27)9499
■営業時間／11時〜19時
■定休日／火曜日
■坪数／44坪
■席数／12席
■客単価／カフェ700円、豆売り1500円
■URL／https://coffeecounty.cc/

METHOD - **1** / COFFEE COUNTY KURUME

Paper drip

浅煎りコーヒーのジューシー感や
フレーバーをクリアに引き出す

【 味わい 】

	1	2	3	4	5
甘み				●	
酸味			●		
苦味		●			
コク			●		
香り				●	

ハンドドリップ
450円

グアテマラ・トゥルバンテ農園産の豆を浅煎りにしたコーヒーは、その特徴である熟した果実味を引き出すため、ウェーブドリッパーによるハンドドリップで抽出。ハンドドリップは、6種類の豆から選ぶことができる。

【 豆 】

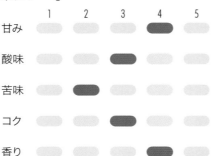

**グアテマラ
トゥルバンテ農園**
コーヒー豆の名産地、ウエウエテナンゴ産。カトゥーラ種、カトゥアイ種で作られたロットで、プルーンやイチジクなどの熟した果実味が特徴。200g1500円。

【 器具 】

・ドリッパー：「ウェーブドリッパー」（カリタ）

・フィルター：「ウェーブフィルター」（カリタ）

・サーバー：「サーバーG」（カリタ）

・ケトル：「TSUBAME」（カリタ）

「今まで様々なドリッパーを使ってきた中で、最終的にしっくりきたのがウェーブドリッパーでした。豆のキャラクターが雑味なく、すっきりと出しやすいからです」

と話すのは、『COFFEE COUNTY』オーナーの森 崇顕さんだ。ウェーブドリッパーでの抽出時に大切なのが、湯温と注湯のタイミング、そして粉にどのくらい湯を浸透させるか。浅煎りの豆は膨らみにくく、水分量が多くて沈みやすいため、ハンドドリップでの抽出は難しい。

そこで森さんは、2湯・3湯目は比較的勢いよく注湯。さらに、3湯目はドリッパーのフチにも湯を注いで、フィルター側面に付いたコーヒーの粉を落とし込んでいく。

「ホットの湯温は、浅煎りは91℃にしますが、その低さだとエキス分が出にくくなります。そこでフチに付いたコーヒーの粉も液体の中に落とし込み、抽出効率を上げます」

コーヒーの粉全体から、しっかりと抽出するイメージが大切だという。

【 抽出メソッド 】

☕ 【1杯分（抽出量：200ml）】
　豆量：16g
　湯量：250ml
　湯温：88℃

工程	累計時間	注湯量
1湯目	0秒〜	30ml
蒸らし	（50秒間）	
2湯目	1分〜1分30秒	70ml
3湯目	1分30秒〜2分	70ml
4湯目	2分〜2分10秒	40ml
5湯目	2分10秒〜	40ml
出来上がり		（抽出量）200ml

【 プロセス 】

1 豆は。抽出直前に中挽きにする。ドリッパーにセットしたウェーブフィルターに入れる。

2 1湯目はコーヒー粉の中央に、細い湯で30mlを注ぎ、蒸らす。蒸らし時間は約50秒間。

3 2湯目、3湯目は、それぞれ湯量を70mlと多めにして、勢いよく注ぐ。

4 3湯目も2湯目と同じように注ぐが、途中からドリッパーの縁を狙って注ぐ。フィルターの側面についたコーヒー粉を、フィルター内に落として無駄なく抽出する。

5 4湯目（40ml）は、サーバーに落ちていく量に合わせて、短い時間（約10秒間）で湯を注ぐ。湯の勢いは優しくして、雑味は落とさないようにする。

6 5湯目（40ml）は、コーヒー粉を対流させないよう、細い線で静かに注ぐ。コーヒーを落とし終えたら、ドリッパーを外す。

7 コーヒー粉の全量から、できるだけ成分を抽出した結果、フィルターの底部にコーヒーかすが溜まる。

METHOD - **2** / COFFEE COUNTY KURUME

Airpressure

低い湯温で、エアロプレスで抽出。
さらにまろやかで甘みが際立つ工夫も

【 味わい 】

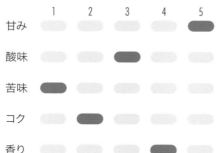

	1	2	3	4	5
甘み					●
酸味			●		
苦味	●				
コク		●			
香り				●	

エアロプレス
450円

エチオピアの農家で作っているこの豆は、桃やラズベリーを思わせるフレーバーが特徴。その甘みを活かすためにエアロプレスを使い、少量の湯で希釈した。エアロプレスも、「ハンドドリップ」と同様に、6種類の豆から選ぶことができる。

【 豆 】

エリオピア　ロジタ　ウォッシングステーション　セゲレ
モモやラズベリーを思わせるフレーバー。フローラルなアフターテイストを顕著に感じられる。200g 1600円。

【 器具 】

・エアロプレス：(エアロビー)
・サーバー：「サーバーG」(カリタ)
・ケトル：「TSUBAME」(カリタ)

　浅煎りならではのフルーティーなフレーバーを際立たせるならエアロプレスという選択肢もあると、『COFFEE COUNTY』オーナーの森　崇顕さんはいう。久留米店では、以前はメニューとして提供し、今でも要望があればエアロプレスでいれている。

　ここで使用した「エチオピア」の湯温は84℃程度。浅煎りコーヒーの場合、同店では湯温を82〜85℃を目安にしている。またなめらかな口当たり、クリアな味わいが特徴のエアロプレスで抽出したコーヒーに、さらに湯を加えることで、ジュースのようなテイストに仕上げることができるという。

　「抽出したコーヒーに湯を加えることで味わいがまろやかになり、より甘みが際立ちます。加える量はコーヒーの濃度次第ですが、今回だと、大体20〜30mlが目安です」

　出来上がったコーヒーはまるでグレープフルーツジュースのような爽やかな酸味で、苦味はほぼなく、余韻に広がる甘みを強く感じることができる。

【 抽出メソッド 】

【1杯分（抽出量：170ml）
　　　　　＋20〜30mlの湯で希釈】

豆量：15g

湯量：200ml

湯温：83℃

工程	時間	注湯量
チャンバーに湯全量とコーヒー粉を入れる		200ml
蒸らし	30秒	
撹拌	20回	
湯面ギリギリまでプレスし、放置	30秒	
プレス	30秒	（抽出量）170ml
希釈		20ml〜30ml
出来上がり		（総量）190ml〜200ml

【 プロセス 】

1
通常の向きとは逆に器具をひっくり返す、インバート方式を採用している。チャンバーに湯を200ml注ぐ。

2
続いてコーヒー粉を用意。粉は雑味が出ないよう、粗挽きにする。安定した蒸らしができるよう、チャンバーに湯200ml、コーヒー粉の順で入れる。

3
コーヒー粉が浮いたままにし、このまま約30秒置いて蒸らしと同じ状態にする。

4
パドルを入れて20回程度かき回し、コーヒー粉に湯を行きわたらせる。

5
フィルター付きキャップを装着する前に、液面ギリギリになるまでチャンバー内の空気を抜き、30秒ほど置く。こうするとプレス開始から終了まで、ムラなく抽出できる。

6
チャンバーに湯通ししたキャップをはめて器具の天地をひっくり返し、サーバーにのせる。30秒ほどかけてプレスし、コーヒーを抽出する。

7
抽出したコーヒーをテイスティングし、より口当たりを柔らかく、クリアなフレーバーを表現するために湯を加え（目安は20〜30ml）、カップに注ぐ。

[大阪・和泉]

辻本珈琲

METHOD-1　Paper drip
METHOD-2　Airpressure

ORIGAMIドリッパーに2020年6月に
発売されたORIGAMI ASドリッパーホ
ルダーをセットして使用。ORIGAMIド
リッパーの溝に合わせて設計されてい
るのでフィット感が高まり、より扱い
やすくなった。

2020年4月に発売された器具「エアロプレス
ゴー」。エアロプレスには専用の高精細なステ
ンレス製フィルターを推奨。

抽出マシン「スチームパンク」の器具を手にする
広報担当の脇田萌維さん(左)と、コーヒー粉の
粒度を均一にする器具「KRUVE」を手にする製
造部の澤 洋志さん(右)。

㈱すてきなじかん代表取締役の
辻本智久さん。家業の日本茶事
業から派生し2003年に『辻本珈
琲』が誕生、2017年に法人化。
焙煎士でSCAJ認定アドバン
スドコーヒーマイスターやQグ
レーダーの資格を持つ。

ペーパードリップでは豆量１：湯量18。
基準のレシピから味の広がりを探る

日本茶を取り扱う「お茶の辻峰園」が、レギュラーコーヒーやドリップバッグコーヒーの充填を請け負う『辻本珈琲』を2003年に創業。2005年にオリジナルブランドのコーヒーを工場から直送する「TSUJIMOTO coffee 楽天市場店」をオープンした。ドリップコーヒー、スペシャルティコーヒー豆、カフェインレスコーヒー、リキッドコーヒー、コーヒー器具、日本茶を中心に販売し、2017年に法人化し、㈱すてきなじかんを設立。大阪府和泉市に実店舗を構えた。

同社の強みの一つが、カフェインレスコーヒー（デカフェ）を多種類取り扱っていること。通販での需要が多かったことから自然と増えたそうで、現在、通販で取り扱うコーヒーの半数弱はカフェインレスコーヒーが占めている。一方、実店舗では、「地域での普及を図りたい」とスペシャルティコーヒーに特化し、豆と関連商品とともに、テイクアウトコーヒーを提供するように。抽出機器はエスプレッソマシン「シネッソ」と全自動のコーヒードリップマシン「ポアステディ」を使用。「ポアステディは1台で5タイプのレシピ設定が可能なため、高いクオリティのコーヒーを安定して提供できるようになった。

「コーヒーを通して始まる〝すてきなじかん〟を提案したい」と、コーヒー器具も多数取り揃えている。使用感がよいのはもちろん、デザイン性が高く、使って気分が上がるものをセレクトしており、その一部が次ページ以降で紹介するORIGAMIドリッパーやエアロプレスゴーだ。「抽出時の湯温、蒸らしや抽出の時間を調整することでコーヒーの表情は微妙に変化します。抽出は自分の味の好みを知るための大事な過程でもあると伝えていきたいですね」と辻本さん。広報担当の脇田萌維さんは「使う方のスタイルに自然と取り入れられるような器具であることが大切。思わず触れたくなる、使い心地がいい商品を提案するようにしています」と話す。

SHOP DATA
■住所／大阪府和泉市春木町1156-1
■TEL／0725(54)3017
■営業時間／12時〜17時（土曜・祝日11時〜）
■定休日／日曜（※夏季・冬季・臨時休業あり）
■坪数／15坪（店舗1階）
■客単価／店頭1500円、通販4300円
■URL／https://tsujimoto-coffee.com

METHOD - 1／辻本珈琲

Paper drip

フレーバーを引き出すため、湯温は高めに、蒸らしは長めにとる

【 味わい 】

	1	2	3	4	5
甘み				●	
酸味		●			
苦味			●		
コク			●		
香り				●	

（メニュー外）

店頭では通常「ポアステディ」でいれて提供。店頭にはハリオV60などのドリッパーを並べ、お客から要望があればハンドドリップで抽出している。メープルのような甘みが感じられ、軽やかな飲み口。ミルクとの相性がよい。砂糖はきび砂糖や三温糖がおすすめ。

【 豆 】

デカフェ
メキシコ エル・トリウンフォ
マウンテンウォーター製法で化学的な溶媒を一切使用せずカフェイン除去された有機認証コーヒー豆。スイートポテトやメープルシロップのような甘みと、なめらかな酸味が特徴。中煎り。200g 1047円。

【 器具 】

・ドリッパー：「ORIGAMI
　＋ORIGAMI ASドリッパー
　ホルダー」（ケーアイ）
・フィルター：
　「V60用ペーパーフィルター」
　（ハリオ）
・サーバー：「500サーバーG」
　（カリタ）
・スケール：「V60ドリップスケール」
　（ハリオ）
・ケトル：
　「コーヒードリップポッド　雫」
　（タカヒロ）

ORIGAMIドリッパーは深めの溝が20本入っていて、ペーパーフィルターの一部が浮いた状態になるため、湯がするすると抜けるのが特徴。今回使用したデカフェ メキシコ エル・トリウンフォは湯を吸いやすい豆なため、このドリッパーで素早く抽出することで、やわらかいまろやかさを引き出している。またこの豆の持ち味であるスイートポテトやメープルのような甘さがきれいに出るという利点もある。

ハンドドリップで抽出する際、湯温はやや高め、蒸らしの時間は長めに設定。この豆は最初5湯でいれると、フレーバーの出方が足りないと感じたと言い、6湯にしたところ味のバランスがよくなった。

お客に家庭でおいしく飲むコツを聞かれた場合は、豆量1：湯量18をすすめている。一般的には豆量1：湯量16が目安とされているが親しみやすく飲みやすいコーヒーというのは1：18というのが『辻本珈琲』の考え方。基本として1：18でのレシピを伝え、そこから好みで調整するように提案している。

【 抽出メソッド 】

【2杯分（抽出量：320ml）】
豆量：20g
湯量：360ml
湯温：92℃

工程	累計時間	注湯量
1湯目	0秒〜	20ml
蒸らし	（40秒間）	
2湯目	40秒〜50秒	40ml
3湯目	1分〜1分10秒	40ml
4湯目	1分20秒〜1分30秒	40ml
5湯目	1分40秒〜2分	100ml
6湯目	2分10秒〜2分20秒	120ml
出来上がり	計2分40秒	（抽出量）320ml

【 プロセス 】

ドリッパーにペーパーフィルターをセット。湯を注ぎ、あらかじめペーパーを濡らしておくと、コーヒーがペーパーに吸われるのを抑えられ、濃度感やフレーバーの出方が若干高まる。サーバーにたまった湯は捨てる。ペーパーは湯の抜けがいいハリオV60用を使用。

ドリッパーに中挽きのコーヒー粉（20g）を入れる。

1湯目は湯が粉全体にかかるように注いでから40秒蒸らす。コーヒーをしっかり開かせてから抽出していく。

湯が粉を通らずに透過することがないよう外側には注がず、内側で円を描くように注いでいく。2湯目40ml、3湯目40ml、4湯目40ml、5湯目100ml、6湯目120mlを注湯。1注湯ごとに注ぎ終えてから10秒ほど間隔をおいて次を注いだ。

出したい成分だけを素早く抽出するため時間は3分以内で終えるようにしている。仕上がりの温度帯は約68℃、抽出量は320ml。味を均一にするため撹拌してからカップに注ぐ。

METHOD –

2 ／辻本珈琲

Airpressure

濃く抽出して湯で割るアメリカンスタイル。
金属フィルターで適度な酸味と上品な甘みを

【 味わい 】

	1	2	3	4	5
甘み				●	
酸味				●	
苦味		●			
コク				●	
香り				●	

エチオピア
ティルティラゴヨ ウォッシュド
610円（税別）

店頭では通常「ポアステディ」でいれて提供しているが、なめらかなオイル感を満喫するためにはエアロプレス×金属フィルターの組み合わせが最適。フルーティーなフレーバーが広がりやすく、上品な酸味と甘みが感じられる。

【 豆 】

**エチオピア ティルティラゴヨ
ウォッシュド**
ベルガモットやグリーンアップルのような優しい酸味とやわらかい栗や黒糖のようなとろみと甘さが特徴。温度帯によりさまざまな風味が楽しめる。焙煎度合は浅煎り。200g1512円。

【 器 具 】

・エアロプレス ゴー
　（エアロプレス アメリカ）
・フィルター：
　エアロプレス用ステンレス
　フィルター（cera COFFEE）
・スケール：
　「V60ドリップスケール」
　（ハリオ）
・ケトル：
　「コーヒードリップポッド　雫」
　（タカヒロ）

　エアロプレスは圧力をかけることで濃厚な味わいが出る抽出器具。エスプレッソマシンとハンドドリップの中間を目指す味わいが作り出せる。今回使用する「エアロプレス ゴー」に付属されているのはペーパーフィルターになるが、エチオピア ティルティラゴヨ ウォッシュドの良さを引き出すためには、13ミクロンという目の細かなステンレスフィルターがおすすめだという。なぜならペーパーではなく、高精細な金属フィルターを用いることで、コーヒーオイルをしっかり抽出できるからだ。

　このエチオピアの豆は浅煎りで通常は酸味が出やすいが、エアロプレス×金属フィルターという組み合わせにすることで、フルーティーでクリーンな酸味がほどよく、上品な甘さを引き出せた。

　エアロプレス ゴーはアウトドア用に作られたコンパクトなサイズなため抽出できる量が少なめ。濃く抽出したものに湯を加えたアメリカンコーヒーのスタイルにすることで、さらに飲みやすく仕上げた。

【 抽出メソッド 】

☕ 【1杯分（抽出量：約120ml）
　　　　＋50mlのお湯で希釈】

豆量：18g
湯量：120ml
湯温：91℃

工程	工程の見極め	注湯量
注湯	一度に注ぐ	120ml
蒸らし	(1分間)	
撹拌	7回	
プレス	(累計1分40秒)	(抽出量)120ml
希釈		(総量)150ml
出来上がり		(総量)170ml

【 プロセス 】

1
湯はペーパードリップのとき
より低い91℃。

2
中細挽きにしたコーヒー粉を
チャンバーに入れる。チャン
バーを逆さにして使用するこ
と（インバート式）で蒸らしと
撹拌を行う。

3
湯120mlを一度に注ぎ、そ
の後1分蒸らす。使用してい
るコーヒードリップポット雫
は注ぎをコントロールしやす
いだけでなく、ステンレス製
で軽く、さびに強く、電磁
調理器にも使えるという使い
勝手の良さが魅力。

4
蒸らしている間
に「エアロプレス
ゴー」付属のマ
グカップに湯を
50ml入れておく。

5
蒸らしが済んだら
ヘラで7回撹拌
する。この蒸らし
と撹拌によって味
にジューシー感が
出る。

6
チャンバーにエアロプレス用
のステンレスフィルターを
セットしキャップを閉める。
フィルターはもっとも目の細
かい13ミクロンを使用。

7
ひっくり返したチャンバーを
４のマグカップの上にのせ、
プランジャーをセット。プラ
ンジャーの底が粉に接するま
で、ゆっくりとプレスする。

8
撹拌してからカッ
プに注ぐ。

［東京・墨田］

しげの珈琲工房

METHOD-1

Paper drip

オーナー・ロースター・バリスタ峯岸繁和さん。18歳で『珈琲道場 侍』に入店し、以来コーヒー一筋約40年。1人でも多くのコーヒーファンを増やしたい、という気持ちで店を営む。地域おこしの旗振り役も務める。SCAJ認定コーヒーマイスター。カウンターでは、峯岸さんがドリップする手元をじっくり眺められ、いれ方に興味があるというお客には、解説つきで抽出するそう。自家焙煎の豆はブレンド8種類、シングル17種類。極浅煎りから極深煎りまで、どんな好みの人にも対応できるようバリエーション豊かに揃える。

スペシャルな豆を除き、どれも1杯600円。1客ずつ異なる和風のカップは、陶器市などで自らが選んだもの。基本的にはフラワードリッパーでいれるが、アイスコーヒーや濃い目が好きな方にはコーノのドリッパーを使用する。

その名の通り、花びらのような形をしたフラワードリッパー。1〜2杯用、2〜4杯用の2サイズがある。写真の樹脂製の他、パステルカラーの有田焼フラワードリッパーも展開する。

ネルとペーパーの長所を併せ持つ器具を愛用し
自家焙煎豆の多彩な味わいにアプローチ

18歳でコーヒー業界に入り、サービス業の基本から抽出、焙煎までを幅広く修得。その後「コーヒーが苦手な方にも楽しんでもらえる店」を目指し、1999年江戸川区平井に『しげの珈琲工房』をオープンした。2013年にスカイツリーから徒歩4分の現場所に移転。カウンター6席のみのこぢんまりとした店は、オーナー・峯岸繁和さんとのコーヒートークを楽しみたい、丁寧にドリップする手元を眺めたい、という人でいつも賑わっている。

フジローヤルの3kg釜で自家焙煎する豆は、常時25種類前後。深煎りに定評のある同店だが、コーヒーの幅広い可能性を伝えようと2年ほど前から極浅煎りの焙煎もはじめた。「とがった酸味ではなく、丸みのある果実感がおいしいと、深煎り好きの常連様にも好評です」と話す。

同店がメインで使うのは、三洋産業が2016年に完成させたフラワードリッパー。内側を花びら型にくり抜いた1つ穴の円すい形ドリッパーで、ペーパーを使いながらもネルドリップに近い味わいを実現できると、発売後たちまち評判となった器具だ。

「もともと円すい形ドリッパーを使っていましたが、フラワードリッパーはこれまでになく豆の味が素直に出ることに驚きました。軽やかなコーヒーにしたい時は、粗めに挽いた浅煎り豆に高温の湯をスピーディーに注ぐ。重ためのコーヒーにしたい時は、細めに挽いた深煎り豆にゆっくり注ぐ。そんな具合に調整すれば、どんな豆にも対応可能。その汎用性の高さも重宝しています」と峯岸さん。

店で随時開催しているコーヒーのワークショップでも、フラワードリッパーを使う。リンス後に浮かびあがる花びら形や、手にフィットする一体型のハンドルなどが気に入ったと、そのまま購入するお客が多いそうだ。

「安定しておいしくいれられる器具なので、コーヒー初心者のお客様には特におすすめしています」とのことだ。

SHOP DATA
■ 住所／東京都墨田区業平2-11-4
■ TEL／03（6658）8420
■ 営業時間／10時〜19時
■ 定休日／水曜、第3火曜
■ 坪数・席数／6.5坪・6席
■ 客単価／850円
■ URL／http://r.goope.jp/shigenocoffee

METHOD - **1** ／ **しげの珈琲工房**

Paper drip

花びら形状のリブの凹みを活かし、コーヒーをしっかり膨らませる

【 味わい 】

	1	2	3	4	5
甘み				●	
酸味		●			
苦味			●		
コク			●		
香り				●	

珈琲（ブラジル
ブルボン アマレイロ）
600円

同店のストレートコーヒーの中で、リピート率が最も高い豆。スイートチョコレートのような豊かな香りと、甘味が特徴。

【 豆 】

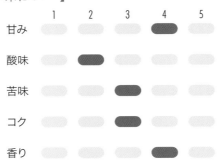

ブラジル ブルボン アマレイロ
エコウォッシュド精製法。黄色（アマレイロ）に完熟する稀少なイエローブルボン種を、やや苦めなシティローストで甘く華やかに仕上げた。100g680円で販売する。

【 器 具 】

・ドリッパー：「フラワードリッパー」
（三洋産業）
・ペーパーフィルター：
「円錐ペーパーフィルター」
（三洋産業）
・サーバー：「ビーカーサーバー」
（三洋産業）
・ケトル：「bonmacドリップポット」
（ラッキーコーヒーマシン）

　フラワードリッパーの最大の特徴は、内側にある花びら形状のへこみ。このリブとペーパーとの間に空気層が生まれることで、湯を含んだ粉がネルドリップのようにしっかり膨らみ、深い濾過層が形成される。底部の穴にも花型のリブがあるため、抽出液の通りもスムーズで詰まることがない。

　「これまでいろいろな円すい型ドリッパーを使ってきましたが、それらのいいとこ取りのような器具。抽出濃度が上がるのに、味わいはクリアなんです」と、峯岸さんは話す。

　だれもがおいしくいれられる器具、としつつも、注湯方法には注意が必要とのこと。

　「粉に湯を行き渡らせた後、膨らんだドームの中心から100円玉程度の範囲に湯を注ぐことが大事。フチに注いでしまうとコーヒーの成分をきちんと抽出できずに落ちるので、仕上がりが水っぽくなってしまいます。また、サーバーに落ちる抽出液の速度に合わせて注湯すると、バランスよくいれられますよ」とアドバイスする。

【　抽出メソッド　】

☕ 【1杯分（抽出量：150ml）】
　　豆量：14g
　　湯量：174ml
　　湯温：90℃

工程	工程の見極め	注湯量
1湯目	中心に向かって、全体を湿らせるように	14ml
蒸らし	（40秒間）	
2湯目	抽出液が5～6滴落ちたら、小さな円を4～5周	30ml
蒸らし	（10秒間）	
3湯目	ドームを持続させるよう、小さく10周	60ml
4湯目	中心がへこんだら10周ほど（1分50秒～）	70ml
出来上がり	2分20秒	（抽出量）150ml

【　プ ロ セ ス　】

1
円すい形フィルターをセット
し、フチまでかかるように熱
湯を注ぐ。紙のにおいの低減、
ドリッパーの保温、最初の
貴重な1滴をペーパーに吸収
させない、静電気を抑える、
という4つの目的のため。

2
コーヒーは湿気に弱いので、
全ての準備が整ってから豆を
挽く。1杯につき14gを中挽
きにして入れ、表面を平らに
する。すぐに90℃の湯14ml
を中心に注ぐ。湯が全体に行
き渡るよう心掛ける。

3
そのまま40秒蒸らす。花び
ら形状のリブが、ドリッパー
とペーパーとの間に適度な空
気層を作ることで、コーヒー
がネルドリップのようにしっ
かりと膨らむ。フチから5mm
には湯をかけないよう注意。

4
サーバーに抽出液が5～6滴
落ちてきたら、中心に小さな
円を4～5周描くように湯を
注ぐ。そのまま10秒蒸らす。
抽出部分のリブが、抽出液の
通り道を確保し、安定した味
になる。

5
中心のドームを持続させ
るよう、小さく10周ほど
注湯。3湯目までに良い
成分がほぼ抽出されるの
で、ゆっくり丁寧に注ぐ。

6
中心がへこんだら、4湯目を注ぐ。目安は10周
ほど。後半になるほど雑味が増えるので、注ぐ湯
の量をそれまでの10％増やし、リズムを早める。
150mlまで抽出されたら、最後まで落としきらず
にドリッパーを外す。

7
スプーンで全体をしっか
り混ぜ、温度と濃度を均
一にする。温めたカップ
に注ぎ、浮いた泡（アク）
を取り除く。

[東京・椎名町]

サントスコーヒー

SANTOS COFFEE 椎名町公園前店

METHOD-1　METHOD-2

Water drip　Paper drip

マスターはコーヒーの魅力に惹かれて、抽出・焙煎を勉強するようになり、2015年に『SANTOS COFFEE椎名町公園前店』を開業。

水出しコーヒーのドリッパーを使いながらも、湯で濃厚なコーヒーを抽出。雑味を出さず濃厚なエキス分だけを抽出するために、独自の工夫を重ねて考案したアイスコーヒーだ。

ペーパードリップを使って、濃厚な味わいを表現したアイスコーヒーも提供。豆の量を増やし、蒸らし以降は点液注湯によって、短時間で濃厚なエキス分を抽出する。

エキス分を引き出す独自の抽出法を工夫。
濃厚で凝縮した味わいのアイスコーヒーに

東京・椎名町の『SANTOS COFFEE 椎名町公園前店』は、スペシャルティコーヒーを提供する自家焙煎コーヒー専門店。マスターは自家焙煎店のこだわりを込めて、提供するメニューは基本的にコーヒーのみとしている。抽出法や商品に合わせてベストな豆を選んで焙煎し、ドリップコーヒー、アイスコーヒー、エスプレッソドリンクで提供している。

中でもアイスコーヒーは、暑いシーズンになると、年間を通して出す定番アイスコーヒー以外に、抽出方法を工夫したメニューをラインナップ。毎回、個性溢れる特別メニューを提案して、アイスコーヒーファンを楽しませている。ここでは、同じ豆を使いながらも、2種類の方法で抽出することで、異なる味わいに表現したアイスコーヒーを紹介してもらった。

使用した豆は、フレンチローストで焙煎するため、高地系の豆質が硬いものを採用した。「きれいで中身が詰まった、水ぽっくない濃い味のアイスコーヒーを作る」ための焙煎方法で、専用のブレンド豆に仕上げているのが同店のアイスコーヒー用の豆の特徴である。

この豆を使い、その持ち味を存分に引き出すために、あえて定番のいれ方に囚われないオリジナルの抽出法を考案し、実践している点が同店ならではの個性でもある。

156ページで紹介するのは、ウォータードリッパーを使いながらも湯で抽出する、個数限定の濃厚アイスコーヒー。水出しコーヒーの道具と考え方をベースにしながらも、湯で抽出できないかと工夫したコーヒーで、クリアな味わいの濃厚なコーヒーに仕上げている。158ページのコーヒーは、ペーパードリップを用いて抽出する、デミタスコーヒーのような味わいの一品。豆の個性を引き出すために、点滴注湯によって短時間で濃厚なエキス分のみを抽出する。

SHOP DATA

- ■住所／東京都豊島区南長崎1-24-4
- ■TEL／03(6379)3721
- ■営業時間／10時〜19時
- ■定休日／月曜日
- ■坪数・席数／7坪・10席
- ■客単価／500〜600円
- ■URL／https://www.santoscoffee.jp/

METHOD - **1** ／ **SANTOS COFFEE** 椎名町公園前店

Water drip

ウォータードリッパーで抽出する 濃厚アイスコーヒー

【 味わい 】

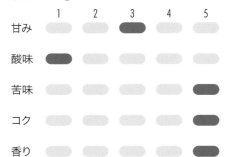

	1	2	3	4	5
甘み			●		
酸味	●				
苦味					●
コク					●
香り					●

超深煎りアイスコーヒー
570円

水出しコーヒーの原理で、雑味が少なくきれいな苦味のコーヒーのエキス分を抽出した一杯。冷蔵庫で一晩保存し味を馴染ませることで、ワインのようなコクが生まれ、凝縮した苦みと甘みが感じられる。

【 豆 】

超深煎りアイスコーヒー
パルプドナチュラルのブラジル、ナチュラルのコロンビア、ウォッシュドのグアテマラとタンザニアの豆を深煎りにしたブレンドを使用。苦みと甘みが凝縮した味わいを目指して焙煎したもの、焙煎度合いはフレンチロースト。

【 器具 】

・ウォータードリッパー：
「ウォータードリッパー・クリア」
（ハリオ）
・ドリッパー：「松屋式３人用金枠」
（松屋コーヒー本店）
・ペーパーフィルター：
「V80専用ペーパーフィルター」
（ハリオ）
・サーバー：（カリタ）
・ケトル：「コーヒーポット」（カリタ）

水出し用器具を用いて抽出する「超深煎りアイスコーヒー」は、2020年から新たに始めた個数限定商品。湯を使うが、水出しコーヒーの抽出原理を活かして1滴1滴ゆっくりと透過させることによって、濃度の濃いエキスだけを抽出する方法として考案した。

湯を使うのは、水出しよりも濃厚なエキス分を抽出するため。1滴ずつ落とす方法で時間がかかり、その間に湯温が下がって雑味が出てきてしまうので、2台のドリッパー用いて粉と湯の量を半分にし、抽出時間を短くする。各20ｇのコーヒーの粉で100mlを40分～45分かけて抽出する。

粉全体にゆっくりと湯を浸透させ、濃厚なコーヒーエキスを抽出するため、ドリッパーの粉をタンパーで固めることで湯がじわじわとしみるベースを作る。その粉面に対して、低い位置から注湯する。

抽出したら密閉容器に入れ、冷蔵庫で一晩冷蔵保存。ワインのようなコク、凝縮した苦みと甘みが感じられるようになる。

【 抽出メソッド 】

【1杯分（抽出量：200ml）】
豆量：40g
湯量：400ml
湯温：92℃

※実際の作業は、上記の豆量・湯量を半分に分け、2台の器具で半量ずつ同時に抽出する。

工程	累計時間	注湯量
1湯目	0秒〜	40ml
蒸らし	（10分間）	
2湯目	50〜55分	400ml
出来上がり	60〜65分	（抽出量）200ml

【 プロセス 】

1
豆は20gずつ細挽きにし、金枠のフィルターに入れてサーバーにセット。粉をならし、タンパーで粉の層を固める。2台用意する。

2
蒸らしの注湯を低い位置から行うため、2台のどちらも、作業の邪魔になるペーパーフィルターの上部を切り取る。

3
それぞれに粉より1.2cmの高さから、「の」の字を描くように、中心から静かに40mlの湯を注湯し、10分蒸らす。

4
2台のウォータードリッパーのフラスコの下に、③をセット。それぞれのフラスコに200mlのお湯を入れ、約1秒に1滴が抽出されるよう湯量を調整。

5
2台で200mlを、40〜45分かけて抽出したら、密閉容器に入れ、冷蔵庫で一晩寝かせて味を馴染ませる。この抽出法で作ったコーヒーを冷やし固めた氷をグラスに入れ、アイスコーヒーを注ぐ。

METHOD - 2 / **SANTOS COFFEE**　椎名町公園前店

Paper drip

デミタスコーヒーのような濃厚さ。
ペーパー抽出のアイスコーヒー

【　味わい　】

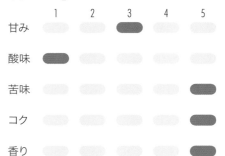

**超深煎りアイスコーヒー
780円**

156ページと同じコーヒー豆を1杯分
46g使い、80mlを抽出。苦みの後に
甘みが広がる濃厚なアイスコーヒーで、
余韻のある味わいだけでなく、トロっ
とした舌触りも楽しめる。

【　豆　】

超深煎りアイスコーヒー
※豆の解説は156ページ参照

【　器具　】

・ドリッパー：「松屋式３人用金枠」
　（松屋コーヒー本店）
・ペーパーフィルター：
　「V80専用ペーパーフィルター」
　（ハリオ）
・サーバー：（カリタ）
・ケトル：「コーヒーポット」（カリタ）

　ペーパードリップで抽出する「超深煎りアイ
スコーヒー」の抽出法の特徴は、中挽きにした
46gの粉を使用し、蒸らしの後は、点滴によ
る抽出でじっくりと時間をかけて80mlの濃厚
なアイスコーヒーを作ること。157ページと同
様に、粉全体に湯を浸透させるため、ドリッ
パーに入れた粉の層をタンパーで固めてから、
蒸らしの注湯を行う。

　2湯目以降の注湯は、すべて点滴で行う。
粉の中央部分の500円硬貨大の範囲に1滴1
滴、湯をぽたぽたと落とし、コーヒーの粉全
体にまんべんなくしみ渡らせていく。

　注湯の目安は、粉に1滴落としたら、下から
コーヒーのエキスが1滴落ちるスピード。この
状態を保てるよう、注湯と抽出のスピードをコ
ントロールして、コーヒーの抽出量が80mlに
なるまで注湯を続ける。

　抽出が終わったコーヒーは、「ウォータード
リッパーで抽出する濃厚アイスコーヒー」で作る
コーヒー氷で素早く急冷してワイングラスで提
供する。

【　抽出メソッド　】

☕ **【1杯分（抽出量：80ml）】**
豆量：46g
湯量：340ml
湯温：92℃

工程	累計時間	注湯量
1湯目	0秒〜	40ml
蒸らし	（2分間）	
2湯目	7〜8分	300ml
出来上がり	9〜10分	（抽出量）80ml

【　プロセス　】

1
豆は中挽きにし、ドリッパーにセットしたフィルターに入れる。ドリッパーを軽くたたいて粉をならし、タンパーで粉の層を固める。

2
中心から「の」の字を描くように、細い湯を40ml静かに注湯する。ペーパーには湯をかけず、粉全体に湯を染み込ませる。蒸らしは2分。

3
2湯目からは点滴で注湯。粉の中央に500円玉大の範囲で湯を落としていく。注湯1滴につき、1滴のコーヒーエキスが落ちるようにし、80ml抽出したらドリッパーを外す。

4
前もって抽出し、冷凍庫で冷やし固めたコーヒー氷を入れて攪拌し、冷やす。グラスにも同じ氷を入れ、冷えたアイスコーヒーを注ぐ。

[奈良・五條]

コトコーヒーロースターズ

KOTO COFFEE ROASTERS

METHOD-1
Beaker + Net

店主の阪田正邦さん。20代の頃に世界各地を訪れ、その後スペシャルティコーヒーの概念に共感したのを機にコーヒーの道へ進む決心をする。主夫だった期間を開業期間にあて、2017年6月に開業を果たす。

「豆はできるだけいれる直前に挽いて欲しいので、お客様には抽出器具よりミルの購入をおすすめします」と阪田氏。同店では「EK43」を愛用。

店舗正面には見晴らしの良い風景が広がる。現在はオンライン販売が基本だが、直接買い付けにくるお客もおり、天気が良ければテラス席として開放する(ドリンク販売はしていない)。

平日は焙煎に専念する。ギーセンの6kg釜を使用。1週間で約50kgを焙煎し、オンライン販売と卸売で売り切る。

ロースターの立場から、手軽かつ
ブレが少ない浸漬式抽出法を考案

日本スペシャルティコーヒー協会が主催する焙煎競技会、「ジャパンコーヒーロースティングチャンピオンシップ2019」で、開業3年目にして見事1位に輝いた阪田正邦さん。当初は自家焙煎の豆を対面販売する店を構えていたが、より焙煎に打ち込める環境を求め、2020年に移転。オンライン販売と卸売に特化したロースタリーとして再スタートを切った。

豆は中浅煎り3種、中深煎り3種、ブレンド2種を揃える。オンラインと卸売は同程度の売上を立てている。また、地元客からの声に応え、週末限定で直売もする。

同店が豆を購入してくれたお客にすすめる抽出法が、ビーカーとアク取りを使ったユニークな浸漬式。以前はフレンチプレスで浸漬し、プランジャーは押さずに、仕上げに茶こしで漉す方法を採用していた。これをよりシンプルに、家庭にあるもので誰でも同じ味が出せるように進化させた方法だ。

中浅煎り～中深煎りまでの焙煎度のコーヒー豆でも沸騰した湯（100℃）でいれられて、浸漬後に漉すだけなので抽出中に微粉が舞うこともなく、カッピングでとった味に限りなく近い状態で味わえるという。高温抽出は使用する豆によっては嫌な成分が出やすいが、同店の豆は高品質のスペシャルティコーヒーなのでその点に懸念はない、というのが阪田さんの考えだ。

「当店のお客様は主婦やご年配の方も多いので、家庭で毎日いれて飲んでいただくのに手軽で簡単な方法をご紹介したい。先の浸漬式の方法は、『量』と『時間』さえ計れば抽出できるので簡単。そして透過式よりも確実にブレがなく、再現性があり、満点ではないかもしれないけど常に80点以上のコーヒーが味わえます」

抽出に手軽な器具をすすめる一方、できるだけ豆は抽出直前に挽いてほしいと、ミルの購入をおすすめしているという。

SHOP DATA

■住所／奈良県五條市上之町481
■TEL／0747（39）9060
■坪数・席数／約600坪・イートインなし
■客単価／1000円
■URL／https://koto-coffee.shop/
□現在はオンラインによる豆売りのみ。
　週末に直売会を開催（詳細はHPで告知）

METHOD - **1** / **KOTO COFFEE ROASTERS**

Beaker + Net

カッピングの方法を独自にアレンジ。
高品質の豆の味をダイレクトに味わう抽出

【 味わい 】

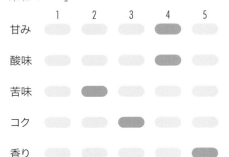

	1	2	3	4	5
甘み				●	
酸味				●	
苦味		●			
コク			●		
香り					●

（メニュー外）

赤ブドウやラズベリーのようなフレーバー、明るい酸味とクリアな飲み口が特徴。

【 豆 】

エチオピア ハル スケ
イルガチェフェ地区のハルスケ村周辺の農家で栽培・手摘みされたエチオピア原生種 「エアルーム」をナチュラルプロセスで加工した豆を同店で中浅煎りに。100ｇ800円、200ｇ1500円。

【 器 具 】

・ビーカー：(AGCテクノグラス)
・アク取り
・ケトル：電気ケトル (T-fal)
・スケール：
「コーヒースケール・パール」
(Acaia)

抽出のテクニックでコーヒー豆の味を引き上げる考え方にも理解を示しつつ、「私はロースターなので、高い品質の豆を適正に焙煎して提供することを重視しています。それを買った人がブレなく再現性のある抽出ができるようにと考案したのが、この浸漬式の抽出法です」と阪田さん。

カッピングから着想を得たもので、手軽に簡単に、誰がやっても同じ味わいが出るようにと考えた。

豆：湯の割合は1:20。挽いたコーヒー豆をビーカー内で熱湯と合わせ、4分経ったらアク取りでアクを引く。さらに4分浸漬し、その間に微粉を沈殿させることで、微粉が極力入らないクリーンなコーヒーに仕上がる。

カッピング同様、沸騰した湯を注ぐが、もしおいしくないと感じる場合には、湯温を下げてみるとよい。良くも悪くもコーヒー豆の味わいがダイレクトに出るため、同店の焙煎豆のように高品質なものを抽出する際におすすめの方法といえる。

【 抽出メソッド 】

【2杯分（抽出量：450ml）】
豆量：25g
湯量：500ml
湯温：100℃

工程	工程の見極め	注湯量
注湯	勢いよく注ぐ	500ml
浸漬	4分	
アク取り		
浸漬	4分	
抽出	静かにドリッパーに移す（アク取りを通す）	
出来上がり		（抽出量）450ml

【 プロセス 】

1
グラインダー「EK43」の粒度を「8」に設定し、豆を中挽きにする。浸漬式にしては細かい粒度だ。

2
ビーカーにコーヒー粉を入れる。

3
電気ケトルで沸かした湯を全量注ぐ。湯がしっかり対流するように、湯を斜めの角度で勢いよく注ぐ。

4
4分間漬け置く。

5
上澄みのアクなどをきれいに取り除く。

6
再び4分間漬け置く。その間に微粉が沈殿していく。

7
抽出液をアク取りで漉しながら、サーバーに移し入れる。沈殿した微粉が舞わないよう、ゆっくり行う。浸漬に時間をかけ微粉を沈殿させるため、アク取りにも微粉はほとんど残らない。

［東京・練馬］

自家焙煎珈琲豆　隠房

かくれんぼう

METHOD-1　METHOD-2

Paper drip　Paper drip

店主の栗原吉夫さんは、ドリッパーによる抽出のメカニズムを探り、現在の『隠房』独自の抽出法にたどり着いた。日本ハンドドリップ協会顧問も務める。

ドリッパー内のコーヒー粉から、効率よく好ましいエキスを抽出するため、点滴注湯を採用。2分40秒～3分で濃厚なコーヒーを抽出する。

抽出したコーヒーは、希釈することでスペシャルティコーヒーの持つ個性を際立たせ、さらに飲みやすく仕上げる。コーヒーが苦手な人にも楽しめるほどだ。

点滴注湯で美味しいエキスのみ抽出。
スペシャルティコーヒーの個性を活かす

1988年に開業した、自家焙煎店『隠房』。店主の栗原吉夫さんが1人で営む、地域密着型の店だ。豆売りのほか、一般向けコーヒー教室も数多く開催し、コーヒーファンのすそ野を広げている。

同店では、豆はスペシャルティコーヒーのみを用いて店で焙煎を行っている。味の種類は、常にストレートコーヒー10種、ブレンド5種をラインナップ。お客はその中から好みのコーヒーを選び、全種類でホット、もしくは"クールコーヒー"のどちらかの飲み方をオーダーするという、独自のスタイルで営業を行っている。

そしてさらに独特なのが、栗原さんによるペーパードリップの抽出法である。栗原さんはコーヒー抽出におけるドリップの理論を構築し、それに基づいた美味しいコーヒーの抽出法も確立した。

それが、ネルドリップでは行われていた点滴注湯をペーパードリップで行い、濃厚なエキス分だけを抽出し、それを希釈することで豆の個性を際立た

せ、飲みやすくするという技法である。

栗原さんがこの技法を考案したのは、コーヒーの抽出において、エキス分を効率良く抽出できるのは透過法と浸漬法のどちらか、ということに疑問を持ったことがきっかけだった。科学的な分析も取り入れて調べた結果、透過法の方が効率良く抽出できると分かったことから、点滴注湯により美味しい成分だけを抽出する現在の方法を確立。さらに、抽出したコーヒーの雑味がなく風味が高いという個性を際立たせ、飲みやすくするために、濃く抽出して希釈する、という技法にたどり着いた。

こうした抽出法により、スペシャルティコーヒーならではの輪郭のある軽やかな風味の特性を明確に打ち出せるようになった。このため繊細なフレーバーも楽しんでもらえるよう、あえてミルクやガムシロップは付けずに提供している。また冷たくして出すクールコーヒーではストローは添えず、コーヒーの温度は冷たすぎない8℃前後で提供している。

SHOP DATA

■住所／東京都練馬区練馬4-20-3　ミヤマビル101
■TEL／03(6914)7248
■営業時間／12時〜19時(喫茶は18時まで、ラストオーダー17時30分)
■定休日／火曜日
■坪数・席数／15坪・10席
■客単価／(喫茶)700〜750円、(豆売り)1500円
■URL／https://www.kakurenbou.jp/

METHOD - 1 / 自家焙煎珈琲豆　隠房

Paper drip

3倍ほどの濃さに抽出し、冷水で希釈して完成させる

【　味わい　】

	1	2	3	4	5
甘み					●
酸味				●	
苦味		●			
コク			●		
香り					●

隠房ブレンド
クールコーヒー
600円

常時揃えている5種類のブレンドの中でも一番人気のコーヒー。冷たくして飲むと、香り豊かで、甘みとフルーツのような酸味が感じられる。

【　豆　】

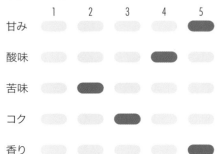

隠房ブレンド
シティロースト
酸味と苦みのバランスが良い、一番人気のブレンド。コスタリカをベースに、エチオピア、タンザニアなどをプラス。シティロースト。200g1620円。

【　器具　】

・ドリッパー：
「コーノ式ドリップ名人」(コーノ)
・ペーパーフィルター：「コーノ式
円すいペーパーフィルター」
(コーノ)
・ケトル：「銅ポット」(カリタ)
・タイマー

　店主の栗原さんが考案したクールコーヒーは、風味が良く爽やか。スペシャルティコーヒーの持つ個性が際立ち、しかもお茶感覚で飲めると、普段コーヒーを飲まないお客からも好評だ。アイスコーヒーとは全く異なるコーヒーのため、クールコーヒーと名付けたその魅力は、独自のいれ方から生まれる。

　1人分15gのコーヒー粉を入れたドリッパーを、氷と少量の水を入れたグラスにセット。95℃の湯で、160秒かけて50～60mlの濃厚なコーヒーを抽出する。その抽出液を3～4倍の冷水で希釈し、8℃前後の温度で提供するというもの。

　苦みや渋みが弱まり、それによって隠れていた豆本来のフレーバーを感じ取ることができるようになるのが特徴だ。

　「この抽出法は、雑味が少なくフレーバーが明快なスペシャルティコーヒーだからこそ可能なこと。鼻に抜ける爽やかな香りは、繊細なだし文化で育った日本人にぴったりの飲み方だと思います」と栗原さんは話す。

【　抽出メソッド　】

【1杯分（抽出量：50〜60ml）
　　　　＋3〜4倍の冷水で希釈】

豆量：15g
湯量：90〜100ml
湯温：95℃

工程	累計時間	注湯量
1湯目	0秒〜	15ml
蒸らし	（50秒間）	
2湯目	51秒〜	75〜85ml
出来上がり	160秒	（抽出量）50〜60ml

【　プ ロ セ ス　】

1　グラスに氷と水大さじ2を入れる。水を入れることで、抽出液をより早く冷やすことができる。

2　コーヒー粉をドリッパーに入れ、軽くたたいて表面をならしたら、①のグラスにセットする。

3　沸騰した湯をやかんからポットに移したら、コーヒー粉の中央に湯を15ml注ぎ、50秒蒸らす。

4　50秒経ったら、注湯を始めながら蒸らしを継続する。1分10秒〜1分20秒まで、コーヒー粉の中央に目がけて、ポタポタと優しく点滴で注湯する。

5　1分10秒〜20秒で、抽出液が落ち始める。同じテンポで点滴の注湯を続ける。

6　2分40秒で抽出は終了。これ以上時間をかけると、雑味が出やすい。抽出量は50〜60ml。ドリッパーを外し、冷水をグラスの口まで注ぐ。

7　氷は2〜3個を残して取り除く。氷が減った分、再度冷水を注ぎ足し、スプーンで混ぜる。

8　色と味、温度を確認し、冷水が足りない場合は他のグラスに移してさらに希釈する。目安としては、抽出液に対し冷水が3〜4倍。温度はフレーバーを感じやすい8℃前後にする。

167

METHOD - **2** / 自家焙煎珈琲豆　隠房

Paper drip

希釈を前提にした独自のいれ方。
60〜80mlを、180秒を目安に抽出

【　味わい　】

	1	2	3	4	5
甘み					●
酸味			●		
苦味			●		
コク				●	
香り					●

隠房ブレンド
ホットコーヒー
600円

166ページでクールコーヒーにしたものと同じ豆を使用。ホットにした場合、甘みと香りはクールコーヒーと同様だが、酸味柔らかく、苦味とのバランスの取れた香味となる。

【　豆　】

**隠房ブレンド
シティロースト**
酸味と苦みのバランスが良い、一番人気のブレンド。コスタリカをベースに、エチオピア、タンザニアなどをプラス。シティロースト。200g1620円。

【　器　具　】

・ドリッパー：
「コーノ式ドリップ名人1〜2人用」
（コーノ）

・ペーパーフィルター：
「コーノ式円すいペーパー
フィルター1〜2人用」（コーノ）

・サーバー：「コーヒーサーバー」
（ハリオ）

・ケトル：「銅ポット」（カリタ）

・タイマー

『隠房』オリジナルのクールコーヒー抽出法のベースとなったのが、ホットコーヒーの抽出法。したがってホットコーヒーも、濃厚なコーヒーエキスを抽出し、お湯で希釈して提供する。

クールコーヒーとの違いは、最初から点滴で注湯していく点。湯をコーヒー粉に落としながら、蒸らしを行っていく点。そして3分を目安としてコーヒーはやや多めに抽出し、お湯で希釈する点だ。

豆の量は、1人分15g。必ず抽出直前にミルで中粗挽きにして使用する。ドリッパーにサーバーをセットしたら、95℃のお湯をコーヒー粉の中央に点滴していく。

90秒点滴したところでエキス分が落ちてくる。そのスピードに合わせて、粉の真ん中を中心に、泡を出さないように点滴する。3分を目安として60〜80mlを抽出したら、ドリッパーを外す。

抽出したコーヒー液は、味を見ながらお湯で希釈して濃さを調節したら完成だ。

【 抽出メソッド 】

【1杯分（抽出量：60〜80ml）
　　　＋1.5〜2倍のお湯で希釈】

豆量：15g
湯量：200〜300ml
湯温：95℃

工程	累計時間	注湯量
1湯目 （点滴蒸らし）	0秒〜90秒	15〜20ml
2湯目 （点滴注湯）	90秒	120ml前後
出来上がり	180秒	（抽出量）60〜80ml

【 プロセス 】

1　抽出直前にコーヒー豆を中粗挽きにし、フィルターに入れてセットする。ドリッパーを軽くたたいて表面をならす。

2　粉の中央に、低い位置からごく少量を点滴で注湯する。粉から粉へ、成分を引き出しながら湯が伝わっていくイメージで注湯していく。

3　注湯し始めて90秒で、抽出されたコーヒーエキスの1滴目が落ちてくるスピードに合わせ、粉の真ん中を中心に点滴する。

4　泡が出ないよう、常に低い位置からそっと点滴し、新鮮な湯が粉に触れ、成分を引き出しながら伝わっていくようにする。

5　途中でドリッパーを傾けて、中で湯が片寄りなく回っているかを確認し、湯をまんべんなく粉に触れている状態を作る。

6　注湯により、粉が膨らんで泡が出てくるが、苦みや渋みの原因になるので、点滴で泡を押さえて潰す感覚で注湯する。

7　3分を目安として、60〜80ml、豆の良い成分だけを抽出する。それ以降は雑味が増えてくるので、ドリッパーを外す。

8　抽出液に湯を足し、味見をする。豆の個性が出るよう、さらに湯で味を調節したら、カップに注ぐ。

[北海道・札幌]

大地の珈琲

METHOD-1　METHOD-2

Paper drip

Nel drip

店の看板である「大地のブレンドコーヒー」、定番の
ストレートコーヒー（コロンビア・コスタリカ・ブラ
ジル・マンデリン）、「マスターセレクション」のすべ
てのコーヒーでポットサービスを利用できる。

「お客様一人ひとりの好みに合わせた一杯
を提供する」のがモットー。コーヒー（生
豆）は自然にある「土」「水」「木」「緑」「太
陽」をイメージし、セレクトしている。

新潟県燕市の老舗琺瑯メーカーが製造す
る「TSUBAMEドリッパー」。

オーナーの山下大地さんは「珈房サッ
ポロ珈琲館」や「可否茶館」で計13年
間経験を積んで開業した。

ペーパーとネルドリップに対応。
時間帯や飲む人の気分に合わせて提案

2019年11月にオープンした自家焙煎コーヒー店『大地の珈琲』は、北海道大学からほど近い住宅街に位置し、子供から年配者まで幅広い年齢層のコーヒー好きが集まる店。

オーナー・ロースターの山下大地さんは、開業前、札幌の大手コーヒーチェーン2店で修業を重ねた。ペーパードリップ中心の店に6年、ネルドリップ中心の店に7年勤務し、両方の抽出法を習得。その利点を生かし、約2杯分のポットサービスでは、ペーパードリップ、ネルドリップ、フレンチプレスから好みの抽出法を選べる設定になっている。

さらに、山下さんは「Savvasiクラシフィカドール ブラジルコーヒー鑑定士」「CQI認定Qアラビカグレーダー」などの有資格者。例えば「朝の一杯目だからすっきりとしたものを」「疲れ気味なので軽やかなものを」という具合に、その時の気分によって飲みたいコーヒーを伝えると、合う豆や抽出法を提案してくれる。

メニューには、ストレートコーヒー4種とブレンド1種の定番に加え、山下さん自身が飲んでみたい豆をその時々で変えながら提供する「マスターセレクション」があり、これを楽しみに訪れるコーヒー通も多い。また、同じ抽出法でも好みに応じて濃さや温度を調節するなど、きめ細かい対応を心がけている。

「水と牛乳と飲むヨーグルトでは、マウスフィールが異なりますよね。コーヒーも同様です」と山下さん。華やかな香りでフルーティーな持ち味の浅煎りの豆なら、ペーパードリップでストレートな抽出でさらりとした口当たりに。クラシックなル深煎りの豆で濃厚なコクを楽しみたいならネルドリップでまろやかに仕上げる。グリーングレーディング(生豆鑑定)からロースト、抽出までを1人で一貫して手掛けているからこそ、山下さんは「焙煎時に思い描いた味わいに、より近づける抽出」を目指している。

SHOP DATA

■住所／北海道札幌市北区北20条西8丁目1-3
■TEL／011 (769) 9080
■営業時間／10時～18時(L.O.17時30分)
■定休日／水曜・祝日、ほか不定休あり
■坪数・席数／約15坪・8席
■客単価／1000円
■URL／https://www.daichicoffee.com

METHOD - **1** / **大地の珈琲**

Paper drip

琺瑯製ドリッパーで
豆本来の香りや味覚を訴求

【 味わい 】

	1	2	3	4	5
甘み			●		
酸味			●		
苦味			●		
コク			●		
香り			●		

ブラジル　572円

カップは、映画「しあわせのパン」の中で使用されたのと同じシリーズで、北海道を拠点に活動する陶芸家・山田雅子さん作。コーヒーにひと口サイズの「おやつ」を添えて提供する。

【 豆 】

ブラジル
店主の山下さんがブラジルを訪れた時に出会った、北海道にルーツをもつ日系3世が経営する「シマダ農園」の豆。飲んだ時に根菜にも似たベジタブルフレーバーを感じたことから「大地の味がする」と選んだ。中深煎り。100ｇ 669円。

【 器 具 】

・ドリッパー:TSUBAMEドリッパー
（グローカル　スタンダード
　プロダクツ）
・ドリップポット
・ペーパーフィルター:
「V60ペーパーフィルター」
（ハリオ）
・サーバー:
「V60コーヒーサーバー」（ハリオ）

　同店で使用しているTSUBAMEのドリッパーは、琺瑯製でにおいが付きにくく、コーヒーの味質を損ねないところが利点。ネルドリップよりも後味がすっきりとして、クリーンでシャープな味わいがペーパードリップの特徴なので、味質が変化しないことは大切な要素だという。

　「豆の品質や焙煎度合い、その日の気温によっても、コーヒーの状態は変化すると思うので、抽出する際に豆の〝呼吸〟を見ることが大切」と山下さん。呼吸とは、湯を注いだ際に豆の表面に立つ気泡のふくらみ具合と香りのこと。例えば茶褐色のきめ細かい泡がふんわりと出ている場合はゆっくり落とし、焙煎したてで泡が粗い場合は2湯目を早めに注ぐなど微調整している。蒸らし時間も、その呼吸によって微妙に調節する。

　ポットサービスの場合、希望があればペーパー、ネル、フレンチプレスから抽出法を選べるが、これは時間帯やお客の気分に合わせた味わいをおすすめできるように、店の引き出しを増やしたいとの思いから行っている。

【 抽出メソッド 】

【1杯強分（抽出量：170ml】
豆量：17g
湯量：205ml
湯温：95℃

工程	累計時間	注湯量
1湯目	0秒〜	20ml
蒸らし	（約30秒）	
2湯目	35秒〜	55ml
3湯目	1分5秒	50ml
4湯目	1分35秒〜	80ml
出来上がり	2分20秒	（抽出量）170ml

【 プロセス 】

1 ドリッパーとサーバーは、抽出前に全体に湯をまわしかけて、温めておく。

2 グラインダーで豆を中細挽きにする。ペーパーに受けたコーヒー粉を、中央に寄せてなるべく底に落とすようにしてからドリッパーにセットする。

3 95℃の湯を、1湯目は点滴のように細く落とし始め、500円玉くらいの大きさまで円を描くように静かに注ぐ。蒸らし時間は20〜30秒ほど。

4 2湯目は徐々にポットの湯を太くしながら、表面が膨らんで盛り上がってくるようにまわしかける。

5 3湯目は湯を太めにして注ぎながら、最後まで落としきる。

6 味見をしてからカップに注ぎ、スプーンで泡をすくい取る。

METHOD - 2 ／ 大地の珈琲

Nel drip

ネルの中でコーヒー粉を押し固めて層を作る

【 味わい 】

	1	2	3	4	5
甘み			●		
酸味		●			
苦味				●	
コク			●		
香り				●	

大地のブレンドコーヒー
ポットサービス
900円

1杯分はペーパードリップでいれ、ポットサービス（約2杯分）で注文の場合のみネルドリップ、フレンチプレスも選べる。

【 豆 】

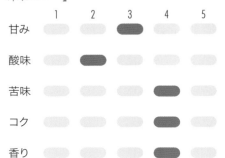

大地のブレンド
深煎りのマンデリンをベースに、中煎りのコロンビアと中深煎りのブラジルをアフターミックスしたビターテイストのブレンド。コーヒー豆は生豆時と焙煎後の2回、欠点豆のハンドピックを行っている。100ｇ 648円。

【 器具 】

・ネルフィルター
・ドリップポット
・V60コーヒーサーバー（ハリオ）
・カクテル用ペストル

「ネルドリップは、まったりとしたふくよかなボディ感が持ち味だと思います」と山下さん。挽いた豆（コーヒー粉）をネルの中でペストルを使って押し固めるというユニークな手法をとるが、これにより粉を圧縮してお湯の通る隙間をなくし、しっかりと蒸らしをして粉全体から味を引き出すのだという。厚手のネルを使いゆっくりと抽出することで、奥深い味わいになるが、時間をかけて落とす分、どうしても温度が下がってしまうので、提供前に一度加熱している。また、最後にサーバーからカップやポットにコーヒーを注ぐ際、表面に泡ができてしまうが、おいしく飲んでもらうには口当たりも重要なので、必ずスプーンで取り除いてから出す心づかいも忘れない。

また、同店では直火式の焙煎機を使用するため、マンデリンなどネルドリップ向きの深煎りの豆ほど焙煎直後のガスの含有量が多い。2、3日置いて程よくガスが抜けてからの抽出がベストだが、その日の豆の状態によって抽出スピードが異なることもある。

【　抽出メソッド　】

☕ 【2杯分（抽出量：320ml）】
☕ 豆量：32g
　　湯量：425ml
　　湯温：88℃

工程	累計時間	注湯量
1湯目	0秒〜	25ml
蒸らし	（25秒前後）	
2湯目	30秒〜	100ml
3湯目	1分20秒〜	130ml
4湯目	2分20秒〜	170ml
出来上がり	3分40秒	（抽出量）320ml

【　プロセス　】

1 冷水に浸けておいたネルフィルターを絞った後、タオルで挟んで水気を切り、ハンドルにセットする。

2 コーヒー豆をグラインダーで粗挽きし、そのままネルに受ける。

3 ペストルでタンピングし、密度を高める。これによってコーヒーのフィルターを作り、抽出時間を長く保つ。

4 88℃の湯をまわし入れ、粉全体に湯が行き渡るように蒸らして膨らむのを待つ。蒸らし時間は20〜30秒ほど。

5 細く湯を落とし、サーバーにコーヒーが落ち始めたら、まわしながら少しずつ湯を太くしていき粉の泡の円を広げる。この動作を続け、泡がふちまで広がるように落としきる。抽出時間は約3分半。

6 抽出が終わったらスプーンで撹拌し、味見してバランスを確認する。

7 提供時に70℃前後になるように、一度コンロで加熱する。

8 口当たりを良くするために、デミタスカップに注いだ後、スプーンで表面の泡をすくい取る。残りをポット（フレンチプレス）に注いだ後も同様に泡を取る。

METHOD-1　METHOD-2

Airpressure　Steep shot

[東京・経堂]

ファインタイムコーヒーロースターズ

FINETIME COFFEE ROASTERS

ノルウェー発の抽出器具・スティープショット。レバーを回すとバルブが開き、スクリューカップ口から勢いよくコーヒーが抽出される。

スティープショットでいれたエチオピアコーヒー。熱湯での短時間抽出のため、カップに注いだ後もかなり高温。少し冷ますと、フレーバーが一層際立つ。

エアロプレスと専用アタッチメント・プリズモ（写真左）。オーナーの近藤さんは、ジャパンエアロプレスチャンピオンシップ（2016年）で3位に入賞した。エアロプレスにリズモを装着して抽出する（写真左）。圧力がかかり、エスプレッソのように濃厚なコーヒーに。

オーナー・ロースターの近藤剛さん。「コーヒーに携わる全員が幸せになれる世界」を目標に、日々焙煎に向き合っている。

エアロプレスを使って
スペシャルティコーヒーの本質を伝える

ジャパンエアロプレスチャンピオンシップでの入賞や、台湾国際焙煎大会での優勝といった経歴を持つ近藤剛さんが営む、豆売りがメインの自家焙煎店。「スペシャルティコーヒーが持つフルーティーな甘みと酸味を伝えたい」というコンセプトを掲げ、シングルオリジンの浅煎りをエアロプレスで抽出・提供する。

2016年に開業。当初は、深煎りがないと聞くと帰ってしまうお客が多く、悩んだこともあった。しかし定期的にカッピング会を開催したり、丁寧にコミュニケーションをとったりするうち、浅煎り専門店として認知され、いまは全国からコーヒー好きが集まる店となった。「生豆のクオリティを特に重視しています。私が求めるのは、フルーティーな酸味に加えて、コンプレックス（複雑）なフレーバーを持つ豆。ノルウェーの生豆商社『ノルディックアプローチ』や『ワタル』など複数社から、6〜7種類の豆を厳選して仕入れています」と話す。

以前は、外資系金融機関に勤め世界を渡り歩いていた近藤さん。コーヒーマンとなった今も常にグローバルな視点を持ち、積極的に新しい情報の収集に取り組む。今回紹介してもらうノルウェー発の新しい抽出器具「SteepShot（スティープショット）」と、エアロプレス用アタッチメント「Prismo（プリズモ）」も、研究目的に購入したもの。

「スティープショットは、数々の賞を獲得しているノルウェー人バリスタ、ティム・ウェンデルボー氏が開発に携わっていることから興味を持ち、個人輸入をしました。テクニック不要であっという間においしくいれられます。プリズモは、エアロプレスに装着すると濃厚な抽出ができるアタッチメント。エスプレッソマシンで抽出したものと同等とまでは言えませんが、ボディがしっかりしていて甘さも引き出せます」と近藤さん。店ではエアロプレスでの抽出が基本だが、リクエストを受ければこれらを使ったコーヒーの提供も可能とのことだ。

SHOP DATA
- ■住所／東京都世田谷区経堂1-12-15
- ■TEL／03(5799)4130
- ■営業時間／12時〜19時
- ■定休日／不定休
- ■坪数・席数／20坪・16席＋テラス席
- ■客単価／店内500円、豆売り900円
- ■URL／finetimecoffee.com

Airpressure

アタッチメントの装着で
エスプレッソ風の濃厚な抽出が可能に

【 味わい 】

	1	2	3	4	5
甘み					●
酸味				●	
苦味	●				
コク					●
香り					●

100mlの牛乳に注ぐのが、ベストバランス。色合いは薄いが、飲むとコーヒーの風味がしっかり主張する。

（メニュー外）

ベリー系の酸とチョコレートのような甘みが味わえる。心地よい余韻が長く続く。

【 豆 】

エチオピア ナチュラル
チェレレクト・ウォッシングステーションのスペシャルティコーヒー豆。クリーンな中にストロベリー、ブルーベリーの酸と、チョコレートの甘みがある。生豆の仕入れはノルウェーの商社Nordic Approachから。100 g 1000円。

【 器具 】

・エアロプレス
　（アメリカエアロプレス）
・アタッチメント：
　プリズモ（FELLOW）
・ケトル：「コーヒードリップポット」
　（タカヒロ）
・スケール：「V60ドリップスケール」
　（ハリオ）

　アメリカの「フェロー社」が発売したエアロプレス専用のアタッチメント、プリズモ。ステンレス製メッシュフィルターと圧力バルブとを重ねてエアロプレス本体に装着すると、エスプレッソのようにフルボディで濃厚なコーヒーを抽出できる。また、プリズモ装着時はプランジャーを押し下げるまで密閉状態が続き、エアロプレスを標準使用した時に起こりがちな液漏れも心配ないため、浸漬式での抽出も可能だ。

　使用方法は通常のエアロプレスと比べて大きな違いはないが、湯量が極端に少ないので、粉に湯を注いだらしっかり攪拌するのがポイントといえる。

　「手軽にカフェラテ風ドリンクも作れます。マシンでいれるエスプレッソよりも飲みやすくて好き、というお客様も多いですね。ラテ風にする場合は、ナチュラル製法のコーヒーを使うのがおすすめ。チョコレートのような甘みがミルクとマッチして、一層おいしくなります」と近藤さんはアドバイスする。

【　抽出メソッド　】

☕ 【1杯分（抽出量：18ml）】
豆量：21g
湯量：50ml
湯温：96℃

工程	工程の見極め	注湯量
注湯	本体を回しながら一度に注ぐ	50ml
撹拌	ヘラで10回	
蒸らし	（1分間）	
プレス	空気の漏れる音がしたらストップ （約15秒）	
出来上がり		（抽出量）18ml

【　プロセス　】

1 プリズモのメッシュフィルターと圧力バルブとを重ね、エアロプレスのチャンバーに取り付ける。

2 コーヒー豆を細挽きにしてからチャンバーに入れ、平らにならす。ショットグラスの上にセットする。

3 96℃の湯を一度に注ぐ。粉全体が湯に浸るよう、本体を軽くまわしながら注ぐ。ヘラで10回ほど撹拌する。粉の量に比べて湯量が少ないので、全体をしっかり撹拌する。

4 プランジャーでフタをして、1分待つ。

5 15秒かけてプランジャーを押す。シューッという空気の漏れる音がしたら、ストップする。最後まで押し切ると雑味が出る。抽出量は約18ml。

METHOD - **2** ／ **FINETIME COFFEE ROASTERS**

Steep shot

抽出までたった30秒！
話題の最新抽出器具をいち早く導入

【　味わい　】

	1	2	3	4	5
甘み					●
酸味				●	
苦味	●				
コク				●	
香り					●

〔メニュー外〕

スティープショットには、浅煎りの豆がおすすめ。ティーライクできれいなフルーティーさを味わえる。カップは「ORIGAMI」のラテカップを使用。

【　豆　】

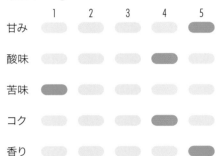

エチオピア ウォッシュ
ウォルカ・ウォッシングステーションのG1グレードのみの高品質な豆。ディードリッヒ社のロースターで自家焙煎する。フローラル、レモンティー、マスカット、ピーチの中にブラウンシュガーの甘さが広がる。100g 800円。

【　器　具　】

・スティープショット
・ケトル：「コーヒードリップポット」（タカヒロ）
・サーバー：「Jug400」（カリタ）
・スケール：「V60ドリップスケール」（ハリオ）

ノルウェーで開発された話題の器具、スティープショット。ボトル部分にコーヒー粉と熱湯を入れ、フタをすることで内圧をかけ、効率的に成分を抽出する、新しいタイプの圧力式抽出器だ。今年から日本の代理店から購入できるようになったが、近藤さんはその前に現地から取り寄せた。

「エアロプレスよりさらに短時間で浅煎りコーヒーのフルーティーさを引き出せることに驚きました。メタルフィルターが付いていますが、エアロプレス用のペーパーフィルターを重ねると、より一層クリーンな味わいに仕上がります。抽出後の洗浄が簡単なのもいいですね。アウトドアにもおすすめです」と、その魅力を話す。

蒸気の内圧を利用するので高温の湯を使うこと、粉全体が浸るよう一気に湯を注ぐことにさえ気をつければ、誰もがおいしく浅煎りコーヒーを淹れることができる。抽出されたコーヒーは高温なので、少し冷ますとよりフルーティーさを感じられるそうだ。

【 抽出メソッド 】

☕ 【1杯分（抽出量：約200ml）】
豆量：15g
湯量：200ml
湯温：96℃

工程	工程の見極め	抽湯量
注湯	本体を回しながら一度に注ぐ	200ml
撹拌	ふたをして本体を軽く2〜3回振る	
蒸らし	（10秒間）	
抽出	最後まで出し切る	
出来上がり		（抽出量）約200ml

【 プロセス 】

1 コーヒー豆を細挽きにしてから本体に入れる。

2 96℃の湯を一度に注ぐ。粉全体が湯に浸るよう、本体を軽くまわしながら注ぐ。本体内部には目盛りがついているので、それを目安に注湯すればスケールも不要だ。

3 フタをはめ、ギュッとレバーをまわす。

4 軽く2、3回左右に振り、逆さにして置く。そのまま10秒待つ。

5 サーバーの上でレバーをまわすと、勢いよくコーヒーが抽出される。そのまま最後まで出し切る。

【 洗浄方法 】

1 逆さにしたままフタをはずし、粉を捨てる。

2 本体に熱湯を注ぎ、再度フタとレバーを閉め、軽くゆする。その後レバーをまわして湯を捨てる。

3 フタは写真のように分解できる。

逆引き目次

ハンドドリップ

ペーパードリップ

ネルドリップ

金属フィルタードリップ

サイフォン

フレンチプレス

エアロプレス

水出し器

SteepShot

ビーカー ＋ アミ

エスプレッソマシン

COFFEE EXTRACTION METHOD
コーヒー抽出 人気店の最新メソッド
ハンドドリップ・サイフォン・エスプレッソ・エアロプレス etc.

発行日　2021 年 12 月 22 日　初版発行

編　者　旭屋出版書籍編集部

発行者　早嶋　茂

制作者　永瀬正人

発行所　株式会社 旭屋出版
　　　　〒 160-0005
　　　　東京都新宿区愛住町 23 番地 2　ベルックス新宿ビル II 6 階
　　　　郵便振替 00150-1-19572

　　　　電　話　03-5369-6423 （販売）
　　　　　　　　03-5369-6424 （編集）
　　　　Ｆ Ａ Ｘ 03-5369-6431 （販売）

　　　　旭屋出版ホームページ　https://asahiya-jp.com

取　材　稲葉友子　西 倫世　渡部和泉　中西沙織
　　　　諌山 力　山本あゆみ　矢代真紀

撮　影　後藤弘行（旭屋出版）　松井ヒロシ　太田昌宏
　　　　合田慎二　戸高慶一郎

編　集　森 正吾　齋藤明子

デザイン　クレヨンズ

印刷・製本　株式会社 シナノ　パブリッシング　プレス

ISBN978 -4-7511-1452-0　C2077